HISTORIAS
DEL COMER
Y DEL BEBER
EN BUENOS AIRES

ARQUEOLOGÍA HISTÓRICA
DE LA VAJILLA DE MESA

DANIEL SCHÁVELZON

HISTORIAS DEL COMER Y DEL BEBER EN BUENOS AIRES

ARQUEOLOGÍA HISTÓRICA DE LA VAJILLA DE MESA

PRÓLOGO DE
JOSÉ EMILIO BURUCÚA

AGUILAR

© Daniel Schávelzon, 2000
© De esta edición:
  Aguilar, Altea, Taurus, Alfaguara, S. A., 2000
  Beazley 3860, (1437) Buenos Aires
  www.alfaguara.com.ar

- Grupo Santillana de Ediciones S. A.
  Torrelaguna 60 28043, Madrid, España
- Aguilar, Altea, Taurus, Alfaguara, S. A. de C. V.
  Avda. Universidad 767, Col. del Valle, 03100, México
- Ediciones Santillana S. A.
  Calle 80, 1023, Bogotá, Colombia
- Aguilar Chilena de Ediciones Ltda.
  Dr. Aníbal Ariztía 1444, Providencia, Santiago de Chile, Chile
- Ediciones Santillana S. A.
  Constitución 1889. 11800, Montevideo, Uruguay
- Santillana de Ediciones S. A.
  Avenida Arce 2333, Barrio de Salinas, La Paz, Bolivia
- Santillana S. A.
  Río de Janeiro 1218, Asunción, Paraguay
- Santillana S. A.
  Avda. San Felipe 731 - Jesús María, Lima, Perú

ISBN: 950-511-659-4
Hecho el depósito que indica la ley 11.723

Diseño de cubierta: Nebur

Impreso en la Argentina. *Printed in Argentina*
Primera edición: octubre de 2000

Este libro recibió la "Mención de Honor"
del Premio Telefónica de Argentina a la
Investigación en Historia de las Artes, otorgado
a través de la Fundación para la Investigación
del Arte Argentino, 1998.

*Las cosas tienen vida propia,
sólo es cuestión de despertarles el ánima.*

GABRIEL GARCÍA MÁRQUEZ,
Cien años de soledad

A Nicolás Schávelzon,
que me contagió el tema gastronómico
y a quien hace veinte años
le dediqué mi primer libro.

ÍNDICE

PRÓLOGO

Documentado, original, escrito con agilidad y elegancia de estilo, sorprendente, agradable, también controvertible cuando se lanza a la historia europea (aunque respetuoso y al tanto de los clásicos como Braudel, el tándem Ariès-Duby, Pounds, Montanari o Revel), este nuevo libro de Daniel Schávelzon confirma sus largas virtudes de historiador que ya apreciamos muchas veces; despliega su gusto por la polémica erudita y, quizá lo más importante, nos libera de prejuicios arraigados al hacernos ver de otra manera lo que creíamos saber muy bien. Pues parecían bastarnos algunas páginas de Concolorcorvo, de los hermanos Robertson o de ese *dandy* siempre a mano que fue Lucio V. Mansilla, para suponer que conocíamos las grandes líneas de las dietas de gauchos, criollos, indios y gentes patricias en el Río de la Plata antes de 1880, es decir, antes de que la llegada en aluvión de los inmigrantes produjera una revolución (otra más) de la gastronomía porteña. Pero he aquí que las *Historias del comer y del beber* contadas por Schávelzon llegan no sólo para matizar el panorama, sino para modificarlo a menudo significativamente sobre la base de los nuevos datos que él, como arqueólogo de Buenos Aires, ha podido acumular respecto de la alimentación concreta de los habitantes de la ciudad y su *hinterland*, o que ha sido capaz de deducir de los restos de vajilla, cronológicamente ordenados y distribuidos en una larga duración de tres siglos. Lo más interesante del caso consiste en que nuestro autor vuelve luego a las mismas fuentes que citamos o a otras ya harto frecuentadas por la historiografía costumbrista, las desmenuza y reclasifica, las lee desde una perspectiva diferente y las ilumina con una luz nueva, de tal modo que ellas se desprenden de la descripción tradicional y adquieren un significado distinto, veraz y coherente en el texto de base arqueológica que Schávelzon nos presenta. Tal vez no resulte trivial enumerar varios de los que juzgamos hallazgos con una pizca de asombro y que el libro nos depara.

No hay duda de que nuestra curiosidad se satisface abundantemente cuando nos enteramos de la competencia tenaz que la carne cocida entabló con la carne asada aun en el medio rural de la colonia tardía; otrosí de la variedad de la dieta antes del impacto inmigratorio, un arte del comer en el cual el pescado tuvo una centralidad y un peso insospechados a la par de las aves silvestres y de corral, y donde los fideos desempeñaron su papel de proveedores privilegiados de hidratos de carbono desde fines del siglo XVIII, mucho antes de que los napolitanos trajeran su propio placer de la *pasta asciutta*; otrosí de los condimentos y aderezos que hombres de la ciudad y de la campaña buscaron con fruición, al punto de que el gaucho devoraba leguas a caballo con el propósito de procurarse canela, comino y vinagre para sazonar sus comidas; otrosí de los tenedores, introducidos tardíamente en Buenos Aires, sólo a partir de 1740, al calor de los refinamientos pretenciosos con los que la ciudad aspiraba a ser sede cortesana, primero de gobernadores pomposos, más tarde de virreyes; otrosí de las evoluciones de la vajilla desde las mayólicas de lujo y la cerámica pobre europea, hasta la loza *Creamware*, el gres y la porcelana; otrosí de la difusión masiva del vidrio en recipientes rectos, es decir en botellas tal cual hoy entendemos esos objetos, muy hacia el fin de la época colonial; otrosí del convite pantagruélico que Buenos Aires organizó en ocasión del arribo de Pedro de Cevallos, su primer virrey.

¿Leeremos entonces este libro para complacernos ante lo pintoresco y variopinto que Schávelzon nos pone hábilmente en escena, lo cual ya sería bastante porque también así se embellece el mundo? Creo que, mucho más que eso, se trata de percatarnos de la capacidad adaptativa y creadora, de la riqueza de ingenio de nuestros antepasados lejanos a la hora de preparar sus alimentos y de habérselas con una naturaleza no demasiado pródiga en cuanto a la diversidad de sus recursos, se trata de descubrir los refinamientos del gusto en las clases populares, la adquisición de modales disciplinados y de una cierta etiqueta del comportamiento en las elites que comprendían el sentido del proceso civilizatorio según los términos en que nos lo ha explicado Norbert Elias. Vale decir, los anhelos y las prácticas en pos de formas más altas, más completas y felices de la existencia humana desde un extremo al otro de la pirámide social. Compartimos, de seguro, la perplejidad que suscita en Schávelzon nuestra ignorancia escandalosa sobre la comida de los negros esclavos, salvo en lo concerniente al tasajo, de cuyo olor penetrante y nauseabundo venimos a cobrar conciencia de que no era sino el signo de una putrefacción detenida. Pero, sin embargo, *Historias del comer y del beber* nos confirma al mismo tiempo en la vieja idea de que una forma enaltecida del comercio igualitario de sensaciones, de experiencias vitales, de ideas e ideales entre los hombres, sin distinciones, ha sido y permanece siendo el acto convivial, la práctica de la comida en común, el banquete que sacralizaron los hebreos como *memento* de su liberación de la esclavitud en Egipto, Sócrates como marco del discurso y aprendizaje del amor, Jesús como ámbito simbólico de la redención. Mientras nosotros, los modernos, procuramos o bien toparnos con Dios entre los cazos, a la manera de Teresa de Ávila, o bien descubrir el secreto contradictorio del mundo en un degustar metafórico de los conocimientos, al modo de lo que Giordano Bruno auguraba en la dedicatoria de *La Cena de las Cenizas*:

Tenéis ante vos, Señor, [...] un banquete tan grande y a la vez tan pequeño, tan magistral y tan discipular, tan sacrílego y tan religioso, tan alegre y tan colérico, tan áspero y tan jocoso, tan flaco florentino y tan graso boloñés, tan cínico y tan sardanapalesco, tan frívolo y tan serio, tan grave y tan bufonesco, tan trágico y tan cómico, que estoy seguro de que no os faltará ocasión de volveros héroe y humilde, maestro y discípulo, creyente e incrédulo, alegre y triste, saturniano y jovial, ligero y grave, tacaño y liberal, simiesco y consular, sofista con Aristóteles y filósofo con Pitágoras, jocoso con Demócrito y llorón con Heráclito.

Es algo notablemente bueno que el libro de Daniel Schávelzon nos lleve, con temple arqueológico, histórico y placentero, a un reencuentro tan gozoso de la dimensión gastronómica de nuestra humanidad.

José Emilio Burucúa

PREFACIO

Hace muchos, muchos años, leí un libro que me impactó como muy pocos en la juventud lo habían hecho: *El hambre, problema universal*, del famoso (yo no lo sabía) Josué de Castro. Era un ferviente alegato contra la miseria, la subalimentación y el hambre crónica en que vive una gran parte de la población del planeta: "En realidad el hambre no es solamente el problema número uno [del mundo], sino también el más grande descubrimiento [intelectual] del siglo XX"; así comenzaba. Para nosotros, la generación de 1968, era la apertura hacia un universo inexplorado; no el de la miseria –que ya bien lo conocíamos–, sino el de la alimentación. Para la clase media de una ciudad como Buenos Aires, la comida era algo natural: se trabajaba, se ganaba dinero y con eso se compraban alimentos mejores o peores; las guerras, las hambrunas, las terribles sequías, estaban lejos o habían existido hacía mucho, no nos tocaban.

"Así como se exigirá al lechero y panadero lleguen temprano, se hará lo mismo con el carnicero, verdulero, almacenero, porque de su puntualidad depende que el almuerzo esté a la hora debida", enseñaba un manual de economía doméstica de principios del siglo XX.[1]

Cincuenta años más tarde, cuando yo era chico, aún pasaban puntualmente por la puerta de mi casa en el barrio del Once el verdulero y el frutero; cuando sonaba el timbre, uno bajaba atrás de su madre a comprar lo del día. Algunos llegábamos a tener una heladera de barra de hielo donde conservar ciertas comidas, una cocinera que las preparaba –y a quien jamás se le hubiera ocurrido preguntarnos qué nos gustaba o preferíamos comer–, y lo demás era todo natural, normal. Uno nunca pensaba que antes las cosas habían sido diferentes, ni que más tarde lo serían también: si mi abuelo le agregaba pan a la sopa, yo lo veía como una simple rareza, no como una costumbre ancestral que provenía de más allá de la Edad Media europea y que se haría habitual en Buenos Aires –tan es así que en la actualidad algunas de las sopas desecadas que se venden en sobres incluyen pedacitos de pan entre sus ingredientes–. El primer atisbo de los cambios que vendrían nos lo trajeron las novelitas del espacio, la ciencia-ficción inicial, en las cuales astronautas parecidos a Flash Gordon sorbían su alimento a través de una pajita insertada en unas cajitas cuadradas –¡oh, predecesoras del tetrabrick!–, y cada una tenía un sabor diferente. Pero de allí a pensar en una lata de gaseosa que se pudiera ir tomando por la calle... La imaginación no se atrevía a tanto. Había un vecino en cuya casa la carne se colgaba de un gancho al aire libre, en el balcón, como única forma de mantenerla unos días, y que los chicos del barrio mirábamos con estupor por las moscas que atraía. La heladera de gas o la moderna eléctrica, llamada *Frigidaire*, era un lujo de pocos en la década de 1950.

Quizá mi interés por este tema es una reivindicación

de mi infancia, el deseo de entender lo que entonces no supe ver, por no haber apreciado pequeños detalles cotidianos que sin embargo estaban llenos de significación, como ir a comprar la leche llevando una botella que el lechero llenaba desde un tarro con una mugrienta medida de hojalata; como la carbonería de la esquina; como los platos de la cocina centroeuropea que preparaban mis abuelos. Mi generación rompió con una larga tradición de la sabidura del comer; cambiamos los kréplaj, los varénikes, el guefilte fish, el borsht o el cogote relleno por la hamburgesa, la comida chatarra, el microoondas y la pizza delivery. Y por ello no me siento precisamente orgulloso.

HACIA UNA HISTORIA DEL COMER EN LA CIUDAD

En nuestros trabajos de arqueología urbana en Buenos Aires, al excavar hallábamos miles de fragmentos de platos, ollas, fuentes, cubiertos, botellas... ¿Cómo eran usados?, ¿de dónde provenían?, ¿de qué fecha eran?, ¿por qué eran diferentes entre sí? Fue necesario ir penetrando en la historia no sólo de los objetos mismos sino de su uso social, un terreno no investigado antes en nuestro país, donde si las recetas de cocina llenan cientos de libros, la historia de la gastronomía, en cambio, no ha merecido ningún estudio muy serio; y las historias de la vajilla de mesa, del servir y del cocinar ni siquiera han sido imaginadas. Sólo contábamos con una serie de verdades a medias que la bibliografía gauchesca había repetido una y otra vez sin pruebas contrastadas.

Encontrábamos miles de huesos que fue necesario

estudiar, pozos de basura con restos de comida que hubo que interpretar uno a uno, luego compararlos, para así ir construyendo *una historia del comer en la ciudad*. Con los años se fue vislumbrando que el tema del asado –por dar un ejemplo– era, en parte, no sólo un gran mito, sino el resultado de la visión peculiar que de nuestras tierras tenían los viajeros europeos que nunca habían consumido carne de esa manera. A sus ojos, éramos un pueblo salvaje, sangriento y sanguinario, seminómade, carnívoro y rural: exactamente lo que definía Rousseau como la gran oposición entre carne/salvajismo y verdura/civilización, que alcanzó su punto más alto con el cuento "El matadero", de Esteban Echeverría. Y lo curioso es que los porteños terminamos asumiendo lo exótico ajeno como propio. Todavía hoy el asado es una actividad masculina, a diferencia de la cocina femenina: cuchillos enormes, fuego violento, espacio abierto, el carbón sucio, achuras y sangre; la cocina vuelve a ser de hombres sólo cuando se trata de Alta Cocina. Pocos se preguntaban qué comía realmente el paisano, el gaucho, incluso el habitante urbano, en cada época y lugar. Por suerte, hubo dos vertientes de investigación que nos sirvieron de ayuda: la historia económica de los últimos tiempos, que se interesaba en la producción y consumo de pan y verduras en el campo para mostrar la variedad de la dieta, y la arqueología histórica en su vertiente arqueozoológica.

Este libro reúne el material de trabajo de casi quince años de investigación. Fueron cientos de miles de fragmentos de platos rotos, vasos, huesos, cubiertos y

los más diversos objetos hallados en excavaciones arqueológicas en Buenos Aires y otros sitios del país y del
exterior; mucho tiempo pasado en las bodegas de museos y colecciones no siempre accesibles, no siempre
limpias y ni siquiera clasificadas; fueron necesarias esta-
días en Estados Unidos, en México, Brasil y tantos
otros sitios donde había materiales similares. A decir
verdad, mucho trabajo. Por supuesto, el esfuerzo no
fue sólo mío, muchos apostaron a que la investigación
algún día se completaría y sus resultados serían edita-
dos. Y ganaron la apuesta.

Quiero dejar escrito que es a Mario Silveira a quien
agradezco lo que me mostró en su trabajo diario: su
análisis de más de cuarenta mil huesos provenientes de
mis propias excavaciones evidenció lo variado de la dieta de los diferentes grupos sociales: el altísimo consumo
de cordero y de pescado –animales chicos y, por lo tanto, de consumo rápido, mientras que la res era imposible de conservar– y el de mulitas, pájaros, aves de corral, avestruces, venados, mulas, cuises y hasta yacarés.
Gracias a esos estudios minuciosos y bien cuantificados,
tuve las pruebas en mis manos: *Buenos Aires no era sólo
carne vacuna*. Estaba construido el segundo eje temático
de este libro: no sólo varió la forma de la vajilla sino
también las maneras de comer, conservar y cocinar.

En estas páginas presento, además, una historia de la
vajilla de cerámica; los objetos que se incluyen provienen
de muchas y diversas fuentes, pero básicamente de los sitios que se excavaron bajo mi dirección en Buenos Aires,
aunque he incluido algunos ejemplos de otros lugares del
país por su relevancia. Quien quiera saber más sobre esos
sitios puede asomarse a la bibliografía incluida al final.

Un nuevo mundo para las ciencias sociales: el mundo de los objetos

De todos los mundos que existen en éste, sin duda el de los objetos es uno de los que más ha preocupado al hombre; vivimos inmersos en ellos, somos ya parte de esa ecúmene gigantesca de productos culturales que en gran medida ha servido para *ser* y *hacer*. Para *ser*, porque el hombre se construyó a sí mismo, al menos en buena parte, por medio del uso y creación de objetos materiales; para *hacer*, porque esos objetos, en la medida en que fueron herramientas, permitieron a la humanidad transformarse en lo que es hoy, y eso incluye tanto lo positivo como lo deplorable que supimos conseguir. Los objetos son hechos por nosotros y a su vez nos hacen, en una compleja trama que la humanidad ha ido tejiendo a lo largo de milenios.

Los objetos han sido estudiados, discutidos, guardados, analizados e historiados desde innumerables puntos de vista, y es cada vez más difícil aportar una perspectiva distinta. El campo de lo material es el terreno dilecto de la arqueología desde el siglo pasado, pero también lo es de la historia del arte, de la nueva ciencia del diseño, de la antigua artesanía y de la etnología, la tecnología, la industria, la economía –¿acaso los objetos no son mercancías?– y por lo tanto de la sociología, la historia, la antropología, el márketing, la publicidad y así sucesivamente. En un cambio de siglo que fue testigo del derrumbe de las barreras entre disciplinas científicas, el estudio de los objetos es en buena parte responsable de que esto ocurriera. La bibliografía existente es monumental e inabarcable, muy rica y muy pobre a la vez, en la medida en que la lectura de los objetos va variando con el tiempo, va cambiando según los intereses de la sociedad, las preguntas que nos hacemos y los paradigmas desde los cuales las planteamos. Es por eso que este libro intenta hacer un ejercicio de interdisciplina a partir de la arqueología, que es la ciencia que nos permite acceder a nuestro objeto de estudio –los objetos del pasado usados para comer– e interpretarlos. Pero esos objetos son culturales y pertenecieron a grupos sociales específicos en un lugar y una región determinados: Buenos Aires como sitio particular y el Río de la Plata como el contexto más amplio. Por ese motivo, ha sido necesario utilizar fuentes arqueológicas, documentales, bibliográficas, museográficas e iconográficas a la vez que visiones históricas, estéticas y antropológicas, y echar mano del conocimiento ya generado por la historia del arte, la museología, el diseño y el coleccionismo, cada uno con sus peculiaridades y características, defectos y logros. Hacer de todo eso una entidad legible no ha sido fácil. Alguien se sentirá molesto porque todo el conocimiento no proviene de una misma fuente disciplinar, o porque el tratamiento heurístico (es decir, la investigación e interpretación de pruebas históricas) en cada caso tiene sus propias peculiaridades; pero era así o no era nada.

En los últimos años han ido surgiendo nuevas perspectivas de análisis de la cultura material. Impulsada desde la sociología y la economía, se ha dado una verdadera apertura representada, por ejemplo, por Jean Braudillard y su *Crítica de la economía política del signo*

–década de 1970–, y por Arjun Appadurai y su antología titulada *La vida social de las cosas* –década de 1980, editado en español en 1991–. La arqueología ha vivido una verdadera revolución con la introducción de la nueva arqueología histórica: en la década de 1980, libros como *Modern Material Culture, the Archaeology of Us*, de R. Gould y M. Schiffer, abrieron visiones alternas a las tradicionales que hicieron posible llegar a los estudios de basura moderna ejemplificados en *Rubbish! The Archaeology of Garbage*, de W. Rathje y C. Murphy en 1992. La etnología nos ha provisto de varias herramientas para entender las complejas transformaciones que sufre un objeto cuando cambia de grupo social, y en ese aspecto estamos en deuda con los múltiples libros de Néstor García Canclini en la sociología del arte desde la década de 1970. Pero ha sido la arqueología histórica la que ha asumido más ampliamente la comprensión de los objetos dispersos por el mundo a partir del Renacimiento, entendiendo que esa dispersión fue parte de una red económica intercontinental que impactó en los pueblos americanos, con lo que ha abierto la posibilidad de comprender mejor el contacto cultural. Algo similar ocurrió cuando una nueva visión se centró en la lectura global de los objetos preocupándose por la significación que tiene lo pequeño, lo simple y lo considerado no artístico, y esto se lo debemos en gran parte a James Deetz. Entre su *In Small Things Forgotten* de 1971 y sus trabajos sobre la arqueología globalizada de la década de 1990, se formó una generación de investigadores a la que no pocos debemos mucho.

Nada de esto habría sido factible sin una profunda transformación en la ciencia histórica, un cambio que permitió que los historiadores entendieran la importancia de la cultura material en la comprensión de los procesos sociales. Ese cambio, indudablemente, se lo debemos al viejo grupo europeo encabezado por Fernand Braudel; su obra monumental de 1979 –tardíamente traducida al castellano como *Civilización material, economía y capitalismo*– mostró un mundo explicado en buena medida por la creación, uso e intercambio de bienes. Poco más tarde, en 1985, se publicó otra obra pionera que también tardó mucho en aparecer en español: *Historia de la vida privada*, de Phillipe Ariès y Georges Duby, que por suerte fue seguida por muchos otros trabajos semejantes y opacó a la ya clásica de Norman Pounds *Hearth and Home: History of Material Culture* (1989), de la que todos nos nutríamos.

Estas publicaciones fueron precedidas por libros en extremo importantes para nosotros como el de Barbara Wheaton, *L'office et la bouche, histoire des moeurs de la table en France* (1984), y en la misma línea aunque más reciente, el de Pamela Sambrook y Peter Brears *The Country House Kitchen 1650-1900* (1996); estamos en deuda desde el punto de vista teórico con Jean-François Revel por su trabajo *Un festín de palabras*, de 1980; con Xavier Domingo, por *La mesa del Buscón* (1981); con Massimo Montanari por *El hambre y la abundancia* (edición original de 1993) y con Michel Onfray, por *El vientre de los filósofos: crítica de la razón dietética*, de 1989 (en español: 1999). Gracias a todo lo que antecede –y a tantos otros trabajos que sería imposible citar en su totalidad–, hoy los estudios de cultura material han adquirido autonomía; ejemplo de ello es la nueva publicación internacional *Journal of Material Culture*, iniciada en 1996.

No es posible hablar de la *vajilla*, de la *comida* o de la *forma de comer* de una sociedad, ni de los objetos usados a tales fines, si no es en términos de su variación histórica. Esto se debe a que, en la medida en que la comida es un hecho cultural, ha ido cambiando no sólo lo que se comía sino también cuándo, cómo y dónde. En Buenos Aires no existió una sola forma de comer ni un solo tipo de comida: coexistieron varios en cada momento y todos ellos fueron cambiando con el tiempo. No puede repetirse el mito de una *comida indígena*, otra *criolla* y otra de los *inmigrantes*, como sugerían Wilde y Mansilla; cuando llegó la gran inmigración después de 1880, ¡lo *criollo* era en gran medida lo que habían introducido los españoles e italianos llegados desde 1820! En las páginas que siguen veremos las interesantes descripciones de viajeros que veían con asombro modales que consideraban "bárbaros", pero que en sus países de origen habían sido cosa habitual hasta no hacía mucho. Todo cambia, y así fue siempre: hubo muchas cocinas criollas, según cuándo y dónde. Y, por supuesto, a nadie le importó demasiado qué comían los pobres, los marginados, los afroporteños, ¡que para 1800 constituían el 35 por ciento de los habitantes de la ciudad, ni más ni menos!

Los objetos ya no son sólo objetos; tampoco son sólo mercancías, ni bienes, ni artículos suntuarios, ni de consumo, ni *rarezas folclóricas*, ni meras obras de arte. Tampoco hay ciencia que tenga el monopolio de su estudio, de su conservación, de su exhibición y menos aún de su generación, uso, intercambio, disfrute o descarte. Son hoy en día el punto central de una multidisciplina que nos permite entenderlos mejor y al mismo tiempo saber bastante más sobre nosotros mismos. De todas formas, de la enormidad temática que abarca el cocinar, almacenar, servir y comer a lo largo de varios siglos, sólo he encarado con detalle el universo de los objetos hechos en cerámica para la vajilla. Los vidrios –frascos y botellas– han sido descritos en forma sucinta, al igual que los cubiertos y tantos otros adminículos que se usaron o se usan en el comer, que han quedado para más adelante o ya han sido estudiados por mí en libros anteriores. Como bien dijo José Antonio Pillado a finales del siglo XIX, dejaremos lo que falta para cuando "otro menos fatigado que yo, logre tal vez llenar los vacíos que dejo" .

Este libro recoge información proveniente de tres tipos de fuentes básicas: la documental (histórica), la contextual (arqueológica) y la museológica (historia del arte); pero la base sobre la cual está edificado es la arqueología histórica, ya que pese a las dificultades que más adelante detallamos –y de las cuales nos hacemos cargo–, ha permitido establecer por primera vez una reconstrucción de los procesos de cambio de la cultura material, cosa que no habían logrado ni la historia ni las colecciones de arte. Y no porque no pudieran hacerlo, sino porque no ha sido su objetivo. Por lo tanto, cuando tengamos dudas sobre vajilla, formas o cronologías tenderemos a aceptar como más exactas las deducciones arqueológicas que las otras, aunque tal vez se trate de una deformación profesional.

La arqueología histórica en la región del Río de la

Plata en general y de Buenos Aires en particular –que ha suministrado la enorme mayoría de los objetos aquí descritos– presenta muchos logros pero también dificultades importantes: en primer lugar, se trata de una región urbanizada en extremo, en donde entre los siglos XIX y XX prácticamente toda la superficie de la ciudad, la suburbana e incluso su entorno inmediato fue removida, excavada, construida o destruida en muchas oportunidades, y es más fácil ubicar rellenos que incluyan materiales provenientes de otros sitios que pozos de basura o depositaciones intactas. Nadie va a excavar una mesa servida, únicamente podremos –con gran suerte– hallar el pozo de basura de una cocina.

Al no contar con conjuntos que hayan sido depositados en su tiempo y nunca más alterados, o cuyas alteraciones al menos sean pasibles de ser estudiadas, nos enfrentamos forzosamente con contextos altamente transformados, y no por causas naturales o por acción de la fauna, sino por la acción de enormes maquinarias modernas. Hemos hallado lugares donde ha habido pozos de desperdicios de enorme valor por los cientos y a veces miles de cerámicas, vidrios, lozas y porcelanas que produjeron, o rellenos poco alterados desde que fueron abandonados, o inclusive algunos estratos que muestran depositaciones primarias. Sin embargo, la enorme mayoría ha sido modificada por caños de agua, desagües, instalaciones para teléfonos, luz, semáforos, gas; estacionamientos, subterráneos, calles, caminos, cimientos, sótanos... Por esa razón, la arqueología urbana no puede encararse en los términos habituales de la estratigrafía tradicional que se aplican a los contextos rurales. Hacia 1750, Buenos Aires contaba con poco más de trece mil habitantes; cien años más tarde, se habían multiplicado por más de diez, y para 1900 sumaban un millón. Éstas son las dificultades que presenta la ciudad al enfoque arqueológico, y obligan a extremar los métodos alternativos para extraer más información de los objetos en sí mismos.

Los trabajos arqueológicos llevados a cabo hasta la fecha no tenían como objetivo central encontrar vajilla de cerámica para algún estudio en particular, sino explicar procesos relacionados con las formas de la vida cotidiana en la ciudad. Pero la falta de estudios cerámicos históricos hizo necesario avanzar en este tema; el primer paso, o sea aplicar los conocimientos que ya habían sido generados en el mundo hasta la fecha, también presentó problemas: no existían todos los tipos y variedades de lozas, cerámicas y porcelanas establecidos por la bibliografía internacional para América latina, ni eran conocidos muchos de los que aquí había. Hemos trabajado, entonces, con diversas colecciones y grupos de material cerámico que suman muchos cientos de miles de fragmentos y piezas completas. Es más: como conjunto, es único en el continente y nunca se han revisado tantas cerámicas en la arqueología histórica de la región; se trata de más de quinientos mil fragmentos de loza, porcelana y mayólica; y muchas decenas de miles de fragmentos de vidrios.

El tema no está cerrado, por supuesto, pero se trata de una muestra lo suficientemente amplia como para tentar conclusiones. El conjunto es, además, muy variado, ya que he incluido en él materiales provenientes de fuera de la región, para controlar los fechamientos de producción y de uso de las piezas de vajilla.

Con referencia a la cerámica y su conocimiento en la región de la gran Cuenca del Plata, estudios recientes lograron superar a los de pioneros como Félix Outes y a la segunda generación de estudiosos, formada por Agustín Zapata Gollán y Carlos Rusconi. En la actualidad, se está trabajando activamente en sitios como Mendoza, Cayastá, las Misiones Jesuíticas, Rosario, Quilmes, Tucumán, Córdoba, Buenos Aires, varios fortines y diversas iglesias, cabildos y conventos de todo el país que se han excavado o están en ese proceso. En la provincia de Buenos Aires se han excavado o realizado recolecciones en diversos fuertes del siglo XIX, en Tandil, en la zona Sur de Buenos Aires (en Avellaneda, Lomas de Zamora, San Martín y Temperley). Al otro lado del gran Río de la Plata hay excelentes estudios, tanto en el Uruguay como en el Brasil, donde la arqueología histórica está cada día más desarrollada. Es decir que ya se cuenta con un conjunto importante de material histórico comparativo. La Cuenca del Plata es posiblemente la región más ampliamente estudiada de la Argentina y de gran parte de Sudamérica. De todas formas, hay muchísimo por hacer en la arqueología histórica y la clasificación de materiales que presentamos no carece de lagunas y dudas. Pero haciendo es como avanzamos.

I

DEL COMER Y DEL BEBER

Las cosas no siempre fueron como parece

Decir que *las cosas no fueron siempre como parece* es quizás apelar a una aburrida frase hecha, y sin embargo, no todos tienen en claro la verdad que encierra. O al menos eso pasa con la historia de la comida: se cree que, si ahora comemos así, o si lo hacíamos de determinada manera cuando éramos chicos, seguramente siempre habrá sido lo mismo. Y si los libros dicen que se comía de una forma, ya ni siquiera caben dudas, así era; algo cambió, pero seguramente no mucho. Pero ahora veremos que no sólo era *muy* diferente, sino que ni siquiera somos capaces de imaginar cómo era. Es tan así que posiblemente cualquiera de nosotros se las vería en graves dificultades si tuviera que compartir la cena familiar en una casa del siglo XVII; y si una persona de ese siglo estuviera invitada a cenar en nuestra casa, ni siquiera entendería que lo que estamos haciendo es comer.

Todos sabemos que los ingleses introdujeron en el mundo la costumbre del té, su etiqueta y horario; pero tal vez es menos conocido el hecho de que, en los inicios, gran parte de ellos –en especial dentro de las clases más elevadas–, tomaban el té desde el plato y no de una taza. Posiblemente muchos no lo creerían, pero así era, y existe incluso bibliografía que ha estudiado la tradición del té y sus cambios a lo largo del tiempo, cómo se fue pasando del plato a la taza lentamente. He aquí un ejemplo de lo que decíamos al principio: las cosas no son siempre como creemos, ni son eternas, ni han dejado de cambiar constantemente.[2]

Entremos, entonces, sin miedos y con menos prejuicios en la historia de la vajilla en nuestro medio; en especial, en la difícil relación entre la forma y la función de la vajilla histórica. Si un plato servía de taza en el país mismo donde se había establecido la ceremonia del té de las cinco de la tarde, ¿cómo serían las cosas aquí, en la periferia del mundo europeo? José Antonio Wilde tiene algo que informar al respecto. Veamos cómo describe un juego de loza para el desayuno utilizado en un lugar público porteño hacia 1810 que a esos ingleses les hubiera resultado inexplicable:

> *Servíase entonces el café con leche* [...] *en inmensas tazas que desbordaban hasta llenar el platillo; jamás se veía azúcar en azucarera; se servía una pequeña medida de lata llena de azúcar generalmente no refinada; venía colocada en el centro del platillo y cubierta con la taza; el parroquiano daba vuelta la taza, volcaba en ella el azúcar y el mozo echaba el café y la leche hasta llenar la taza y el plato.*[3]

Esto podrá resultar extraño actualmente, lo mismo que para un europeo de su época, pero Wilde dejó otras descripciones sobre formas de tomar el café, sin la vajilla que hoy consideraríamos adecuada. Relata, por ejemplo que en invierno el pulpero "despachaba café, que servía en jarritos de lata con tapa por la cual pasaba una bombilla también de lata o a veces de paja".[4]

También Lucio V. Mansilla consumía esos líquidos modernos –inventos del siglo XVIII tardío– con absoluta libertad, y escribió sobre el café lo que sigue:

Lo tomo porque me gusta, y amargo para tonificar el estómago de mi bestia, un tanto estragado por el excesivo fumar y otras yerbas, y en taza y en vaso y en mate sustituyendo la yerba, frío y caliente, como candial con yema de huevo batida, como cae y en toda clase de posiciones y situaciones.[5]

Convengamos en que hoy pocos se animarían a un café mezclado con huevos crudos batidos.

A su alrededor se tejen mil aventuras de la vida moderna, pero aunque parezca curioso el café es un invento bastante reciente. En Buenos Aires, el primer local que vendió café se estableció recién en 1779, y para 1825 había diecinueve de ellos dispersos por la ciudad.[6] Si tratamos de imaginarnos la Revolución de Mayo, debemos pensar en las primeras reuniones, masculinas por supuesto, llevadas a cabo en esos sitios donde se servían exóticas bebidas orientales, inaugurando la nueva costumbre de los hombres de clase alta: reunirse en público alrededor de una mesa, para hablar y divertirse y fraguar revoluciones, mientras en las populares pulperías se servía ginebra, se tocaba la guitarra y se jugaba al truco.

Las cafeterías eran para un grupo selecto que podía pagar ese lujo, para el que se fue creando una vajilla especializada: las tazas de café y té, sus teteras y cafeteras, sus cucharitas, la azucarera y la lechera. Si tratamos ahora de imaginar la época de la Independencia, debemos pensar en reuniones privadas primero, públicas luego, alrededor de una taza de café, lo cual habría sido imposible medio siglo antes, pues no existían ni el café ni la cafetería, y menos aún la idea de la privacidad de los comensales. Ese ambiente que da la cafetería, la posibilidad de hablar en pareja o grupos en mesas individuales pero manteniendo privacidad, era impensable en una fonda o una pulpería. La idea de un espacio colectivo en que cada uno pueda estar solo si así lo desea es otro invento que se introdujo en esos años de grandes cambios.

La visita a unos inmigrantes *gringos* en la localidad de Chamicó, La Pampa, en fecha tan reciente como 1935, permitió describir la siguiente escena que parecería de un par de siglos antes:

Pasamos a la cocina, ellos no acostumbran el mate: hacen un jarrón grande con café con una bombilla y se va haciendo correr, es decir, se toma unos tragos y se lo pasa al que sigue sucesivamente.[7]

¡Habían socializado el café! De todas formas, no debería asombrarnos a quienes en los bares aún podemos tomar café en vaso de vidrio –fabricado especialmente para esa función–, o al recordar que en la década de 1940 existía en los bares el *mate higiénico*, de vidrio, con una subdivisión interior para que la bombilla no tocara la yerba. Hasta 1960 existió en el Congreso de la Nación un mate para los congresistas al que cada uno le ponía su propia bombilla. Y si retrocedemos más en el tiempo, nos encontraremos con el jesuita Francisco Miranda, que en 1772 relataba que el huevo de avestruz, usado como vaso, también cumplía funciones de "pila de agua bendita".[8] Seguramente el famoso orfebre Fabergé no se habría asustado de esto, pues se especializaba en decorar huevos con oro y brillantes para el zar de Rusia; pero tal vez sí habría sufrido un sobresalto al conocer la costumbre porteña de usar como proyectiles, en los carnavales del siglo XIX, huevos cubiertos con yeso y rellenos de agua.

Es tan grande la variedad de objetos usados como vajilla, de cerámica y de otros materiales, que la arqueología histórica sólo puede, al menos por ahora, acercarse al tema con mucha precaución: quién hubiera imaginado que en el siglo XIX, en un rancho pobre, se usaba "un viejo porrón que contenía la salmuera", según narró Fray Mocho:[9] sin duda, de todos los usos posibles para un porrón nunca se nos hubiera ocurrido usarlo como salero, aunque más no fuera por su tamaño y peso. Y ¿quién en el mundo podría imaginar que los porrones de ginebra eran también usados como bolsas para agua caliente hasta la década de 1930, en que se empezaron a fabricar las de goma? Los más pobres simplemente calentaban un ladrillo que envolvían en trapos y lo metían en la cama, pero ése es otro tema.

Ejemplos hay muchos acerca de cómo cada grupo social y cultural vio y usó los objetos que caracterizaban a otros; algunos vale la pena de recordarlos porque nos producen al menos una sonrisa triste: cuando Marcos Alpersohn llegó con su familia en 1891 para formar la primera colonia agrícola judía del país, la Colonia Mauricio, les dieron de comer asado en medio del campo descubierto. A esos inmigrantes, el asado por sí solo ya les resultaba raro, pero mucho más era el comer sin sillas ni mesa: como el problema era considerado grave, la solución adoptada por todo el grupo fue excavar una "zanja circular de unos 60 centímetros de profundidad, para que la gente pudiera sentarse cómodamente ante la mesa natural, los pies colgando en el pozo".[10] Ningún paisano local habría tenido inconveniente en tirarse en el piso a comer. También una anécdota risueña ilustra las diferencias culturales: el hijo de una de las mujeres que llegaron a la Colonia Mauricio había visto "en la ribera un vigilante negro que fuma una larga pipa, chupa y chupa y no larga humo"; más tarde descubrieron que se trataba de ese extraño adminículo llamado... *mate*.[11]

Estos ejemplos pueden ser adecuados para el estudio de los procesos de adaptación, rechazo y reelaboración de los objetos ante una realidad muy diferente como lo era la local: las cosas se fabricaban en Europa para una función y aquí se usaban para cualquier otra, y eso no es casual ni arbitrario. A veces los cambios son producto de la inexistencia de la función original o de la adaptación de productos diferentes ante la no importación o fabricación local del objeto adecuado. Cuando excavamos debajo del actual restaurante porteño Michelángelo, en la calle Balcarce 433, encontramos el sitio donde se tiraba la basura de una fonda para los obreros que trabajaron ahí entre 1848 y 1850.[12] Se trataba de platos, botellas y materiales descartados por un grupo social pobre, muy modesto, por eso en el conjunto desentonaban unos potes de mostaza francesa hechos de cerámica esmaltada. Es válido suponer que los obreros no incluían mostaza francesa en su comida, lo cual habría sido un lujo exótico. ¿Qué hacían allí esos potes, entonces? Dada su forma, lo más probable es que, una vez vaciados por personas de más dinero, hayan sido asignados a la más criolla ceremonia del mate.

En otros casos, la industria internacional se impuso: por ejemplo, logró que se abandonara la vieja *caldera* –de tradición española– para calentar agua para el mate y reemplazarla por la *pava*, en realidad una simple cafetera de metal, aunque con forma de tetera.[13] La historia de cómo el mercado internacional actuó en un medio tan complejo como el rural rioplatense es muy interesante: la llamada *caldera* era en realidad una chocolatera catalana de cobre fabricada con esa forma desde tiempo inmemorial por los zinqueros gitanos, y así llegó a estas tierras. Hacia 1820 y por influencia de los viajeros ingleses que observaron la costumbre, las fábricas de Birmingham comenzaron a exportar unas similares pero hechas tanto en latón como en cobre. El problema fue que, tal como lo vieron los hermanos Robertson, eran demasiado brillantes y bien terminadas, por lo que los gauchos y campesinos las rechazaban, en abierta contradicción con lo que era la sensibilidad urbana. Un decenio más tarde comenzaron a llegar pavas a las que una pátina opaca daba el aspecto de estar gastadas por el uso, y se impusieron de inmediato. Para 1880, ya se fabricaban en el país en hierro y con forma más alargada, casi como una jarra o cafetera alta. Sólo más tarde llegó la *pava* actual.

Y si es por desaparecer, también lo hizo la olla de tres patas de hierro fundido que el gaucho llevaba colgada de su apero dondequiera que fuera para comer carne hervida –sí, hervida–, la que alternaba con la carne asada, que preparaba en un hierro clavado en el suelo. Ese hierro fue reemplazado definitivamente (aún no sabemos cuándo, tal vez se impuso sólo a inicios del siglo XX) por la carne asada sobre una parrilla horizontal. Sin ir más lejos, hasta hace pocos años, en la ciudad de Buenos aires, los obreros de la construcción hacían sus asados en la vereda, sin importar el lugar en que estuvieran. Seguían así una tradición producto de la influencia de las formas de cocinar del gaucho sobre el inmigrante, las del campo sobre la ciudad: la vereda en esos casos funcionaba como campo abierto.

La costumbre de hervir previamente la carne que se ha de llevar al asador está aún vigente en gran parte del país, donde no hay ganados finos, y se conserva en la ciudad y la región pampeana para ciertos cortes, como el matambre o los chinchulines.

Todos estos cambios producían polémicas en la sociedad porque entraban en discusión usos habituales consagrados por la costumbre; la misma clase alta, que en privado tomaba mate además de té, lo vivía cotidianamente; Mariquita Sánchez, como sagaz observadora que era, lo dejó claro y por escrito en 1854: "las costumbres de cada pueblo no deben ser objeto de vituperio. Nuestro mate, por ejemplo, ¿no es puerco?, ¿pasar la misma bombilla?; ¿pero cómo se recibe al extranjero que lo critica?".[14] En la década de 1820, el capitán Basil Hall hizo una alusión a esa actitud crítica, cuando observó: "un caballero de mi relación, que se hizo aficionadísimo a esta bebida, compró una bombilla para sí y la llevaba constantemente en el bolsillo: pero esto pareció tan ofensivo que se vio obligado a dejarla".[15] Martín de Moussy le endilgó al mate terribles efectos en las mujeres, que al tomarlo "no sienten apetito a las horas normales, [por lo que] la inapetencia llega a ser su estado normal"; por suerte nos aclara a renglón seguido que "las señoras no se mantienen sino con alimentos detestables para la higiene de la belleza: dulces, confites, pasteles. El resultado es que la gordura las invade pronto". ¿En qué quedamos: inapetentes o gordas? Esta visión de lo que es adecuado no es igual a la del padre Florián Paucke, siempre tan flemático en todas sus costumbres, quien al arribar a la Misión de San Javier en 1763 vio que los indígenas habían usado como candelabros del altar "dos astas de buey llenas de arena, en las cuales estaban colocados los cirios".[16]

Mesas de ricos, mesas de pobres

Los grupos sociales más bajos, ya lo dijimos, usaban vajillas no sólo diferentes de las de los sectores más elevados y europeizados, sino también distintas según su ubicación en relación con la sociedad urbana: los pobres de la ciudad eran diferentes de los pobres del campo, y esto lo comprueba bien la arqueología. En la sociedad urbanizada hay materiales para el consumo de todos los niveles, incluso de los estratos más bajos; en las excavaciones es normal hallar para esos niveles una vajilla cerámica denominada *El Morro* para el siglo XVIII tardío y el XIX temprano, de muy baja calidad e importada, al parecer, desde Puerto Rico y el Caribe; es decir: era extremadamente pobre y modesta, pero era importada. Más tarde, hacia 1880, fue reemplazada por la vajilla denominada *Vidriado Utilitario*, de producción nacional, con lo que los hogares de la ciudad dispusieron ollas baratas y locales.

Cada grupo y sector accedía a diferentes objetos y difícilmente se debían mezclar; los pobres podían recibir lo ya usado por los ricos, pero nunca sucedía al revés; al menos no se lo observa en la arqueología. En la sociedad rural era diferente, ya que incluso esos objetos tan baratos en la ciudad, muchas veces eran caros o de difícil obtención en el campo. La producción llamada *criolla* estaba más cerca de sus posibilidades mínimas; valgan las descripciones de Estanislao Zeballos de 1879, que muestran que incluso en fecha tan tardía, en las tolderías había "ollas, tinajas de tierra arcillo-arenosa endurecida y quemada imperfectamente, pero de formas muy elegantes". El mismo Zeballos recogió "una tinaja que me acompañó en todo el viaje" y observa que "la alfarería hallada carece de decoraciones".[17] Se está refiriendo a las cerámicas del *tipo criollo*, que más adelante describiremos. En tiempos de la Colonia, las cerámicas locales eran bastas, de manufactura a veces no sólo modesta sino problemática. Los vidriados se hacían en base a plomo fundido, lo que producía enfermedades y mortandad. El gobierno local hizo públicos numerosos bandos informando a la población acerca de "los malos vidriados de los realizados en barro" y prohibiendo su uso, al menos en dos oportunidades del año 1802.[18]

Al revisar las listas de productos vendidos en las pulperías porteñas entre 1740 y 1830, encontramos que hay objetos de "barro" en relativa cantidad: lebrillos, candeleros, cazuelas, ollas chicas y escupideras. Pero esto se vendía junto a la loza de Sevilla, de Mendoza y de Málaga. Al parecer, en esos contextos urbanos o incluso rurales, no era tan válida la descripción hecha por Woodbine Parish:

Entre los campesinos, las manufacturas de Inglaterra han llegado a ser un artículo de primera necesidad. El

*gaucho se viste completamente de ellas; tomad y observad
todo su atavío, examinad su traje y lo que no sea hecho de
cuero crudo, es de manufactura inglesa. El vestido de su
mujer también procede de un telar de Manchester, la olla
en que prepara su comida, el plato en que come, el cuchillo, el poncho, las espuelas, el freno.*[19]

Otro testimonio interesante es el que dejó el hermano coadjutor Joseph Claussner, jesuita fundidor de estaño
en su München natal y que en Córdoba en 1719 observó:
"una vez trajeron aquí los ingleses una vajilla labrada en
hermoso estaño, por la cual recibieron tanta plata bruta
que esto sobrepujó en mucho al peso de la vajilla" y quizá
por eso al poco tiempo aseveró que los indígenas:

*han puesto en los altares de la iglesia, como cosa de ex-
traordinario adorno, las fuentes, platos, jarra y saleros que
acabo de hacer de estaño [...], mis artefactos se han extendido ya a 300 leguas y por cierto en nuestros colegios, en
los que antes se comía en vajilla de arcilla sin barniz.*[20]

En la estancia de los jesuitas, en Calamuchita, hubo
un cuarto que sirvió de "estañería" en 1771,[21] aunque en
el mismo sitio se fabricaban cerámicas con interesantes
moldes; el mismo inventario de sus bienes cita que había "doce molduras de piedra sapo para escudillas, platos y tazas" y también "un molde de cobre para escudilla
y otro de ídem para platos".[22] Pero no pasaría mucho
tiempo para que el mismo virrey los prohibiera por Real
Cédula del 30 de noviembre de 1801, para "evitar per-
juicios que causan a la salud las vasijas de cobre y las de
estaño que tienen mezcla de plomo".[23]

La imagen que mejor se ajusta a la realidad urbana más pobre y a la rural no tan pobre, es la que dejó Félix de Azara en 1790, al describir el interior de una vivienda de la siguiente manera:

> [...] *es general no haber más muebles que un barril para llevar agua, un cuerno para beberla, asadores de palo para la carne y una chocolatera* [caldera] *para calentar el agua del mate. Para hacer caldo a un enfermo he visto poner pedacitos de carne en un cuerno y rodearle de rescoldo hasta que hervía. No es común tener olla alguna, y un plato grande con alguna silla o banquillo, porque se sientan sobre sus talones o una cabeza de vaca.*[24]

Lo mismo describieron los hermanos Robertson en 1815:

> *En torno al fogón había ollas y cacerolas de barro, una caldera de cobre para el mate, una piedra de afilar y media docena de cabezas de vaca. En el fogón goteaba el sabroso asado que teníamos para cena y en una olla se cocía un puchero.*[25]

CARNE HERVIDA *VERSUS* CARNE ASADA

La mesa colonial habitual y su cocina eran muy diferentes de como las podemos pensar hoy en día: había comidas poco variadas en su preparación, aunque incluyeran diversos productos animales y vegetales; se servían cantidades abundantes, no se efectuaban controles de calidad, se tardaba muchas horas en preparar los alimentos y se descartaban los sobrantes de inmediato; era lo que Alberdi describía como la tediosa "tarea de desocupar setenta platos en ocho horas" de comida. O por lo menos así eran las cosas en los ambientes urbanos. El descarte rápido se producía debido a los olores que los alimentos despedían por la falta de posibilidades de conservación. En los ambientes rurales, la carne asada y el puchero o la *olla podrida* (carnes diversas hervidas en la olla acompañadas por verduras), era prácticamente todo lo que se consumía, más pan oscuro, alguna galleta *marinera*, vinagre, sal y picantes. A fin de cuentas, el mismo Quijote tenía una dieta considerada extremadamente pobre en su tiempo, si bien hoy ya no la evaluaríamos así: era "una olla de algo más de vaca que carnero". Hubo quien escribió que la dieta del campesino era "mate y carne, y carne y mate, y de vez en cuando un saco de redondas galletas tan duras como las piedras de la calle",[26] pero era ya casi el siglo XX. Para Armaignac, la falta de pan era intolerable y se lo reemplazaba "por unas galletas redondas horriblemente duras, que traían a la mesa dentro de una servilleta después de haberlas roto con un martillo". Otro autor de esos mismos primeros años del siglo XIX también se refirió al tema:

> *el puchero consistía en carne cocida por lo general, porque si teníamos una mazorca o dos de maíz, una cebolla o una col para condimentarlo, eso era ya un festín; nos restregábamos los dedos en las botas y limpiábamos el cuchillo clavándolo en el techo pajizo.*[27]

Desconocemos si la carne, además de en puchero, se comía habitualmente guisada, ya que al respecto sólo hay unas pocas referencias. Lo que sí es evidente en los estudios arqueofaunísticos es la presencia mayoritaria de huesos no expuestos al fuego, a diferencia de lo que se pudiera suponer conociendo la dieta actual del hombre de campo. ¿Entonces el asado no era tan común como se pensaba? No, no lo era, casi sin dudas. El que se prefiriera siempre la lengua –y la ubre– a otras partes de la vaca tenía una explicación lógica similar a la del bajo consumo de carne asada: al cocerlas resultaban en extremo blandas, mucho más que cualquier otra parte del animal, que, por su estado salvaje, era sumamente duro. En palabras de Concolorcorvo, a veces se mataba una vaca "para comer una lengua, que asan en el rescoldo". En los inventarios coloniales, es una presencia constante la de la olla y muy rara la del asador. Para fines del siglo XVIII e inicios del XIX se contabilizó en listas documentales la relación de más de 350 ollas por un lado y sólo 50 parrillas por el otro: la proporción entre ollas y parrillas es de siete a uno.[28] Un ejemplo más antiguo, de 1729, está representado por la lista de objetos existentes en las obras del Cabildo de Buenos Aires, que incluía para la comida de los obreros sólo "una olla, de fierro grande de cocinar, para la gente"; a esto se le añaden dos fuentes de peltre, "una cuchara de palo para la olla, un mate y su bombilla de hoja de lata" y manteles para la mesa de los maestros constructores.[29] Las parrillas están notablemente ausentes hasta muy entrado el siglo XIX, aunque los valores de la carne muestran que las costillas eran más baratas que otras partes del animal, y que el pecho era más caro que el cuarto trasero, a la inversa que hoy en día. Recordemos que, según Concolorcorvo, una gallina valía entre 2 y 6 reales; un pavo grande, 4 reales; las perdices se vendían a 1 real y medio la docena y un cuarto de vaca, a sólo 2 reales e incluso menos. De todas formas, el pecho del animal era lo más caro –después de ubres y lengua, por supuesto–, ya que con esa parte se hacía el tasajo o charqui.

En Francia, la carne asada tal como la conocemos ahora –es decir, expuesta a un fuego suave en forma directa sin que se seque totalmente– sólo comenzó a ser preparada en el siglo XVII; suponemos que en nuestra región debió difundirse hacia fines del siglo XVIII; y en el campo, mientras los viajeros recorrían los caminos. Ése fue el siglo en que se inició la búsqueda del punto exacto de cocción de los alimentos;[30] hasta entonces, la carne de vaca, generalmente dura, era cocida durante horas, luego sazonada hasta hacerla irreconocible y recocida nuevamente para que la sazón fuera absorbida. Son muchas las recetas porteñas de carne asada sobre las brasas, sin parrilla, hasta dejar que se quemara en ambos lados; luego se quitaba la parte calcinada y se comía lo de adentro, tal como Juana Manuela Gorriti recomendaba; ciertamente no existía el punto exacto, el vigilar lo que se cocina y saber cuándo debe retirarse del fuego. El viajero Florián Paucke vio que a la carne, al ser cocida en la olla, se le iba agregando agua caliente a medida que ésta se evaporaba o absorbía, en una larga secuencia de operaciones repetidas. Alcides D'Orbigny lo describió a inicios del siglo XIX:

al cabo de media hora de hervor la carne es buena para comer y una cocción más prolongada la reduciría a papilla; por eso los habitantes, que comen a mediodía, ponen la olla al fuego a las once.[31]

51

Y nos aclara que se agregaba tanta grasa a la olla que los trozos de carne "nadan en un baño de grasa que tragan por cucharadas, sin mostrarse nunca incómodos, y lejos de sacar la que sobrenada el cocido de sus ollas, le agregan más cuando la carne les parece un poco magra o quieren agasajar a sus invitados".[32]

Los indígenas preferían la carne de burra o de yegua, y la comían cruda o semicruda, al menos a los ojos de los blancos, que, por otra parte, consideraban esa costumbre como un rasgo de salvajismo. Si lo pensamos desde la perspectiva actual, en que cocinamos la carne mucho menos que lo que se estilaba antiguamente –de hecho, solemos comerla "jugosa"–, vemos que, en realidad, se trata básicamente de un problema de términos comparativos: quien hierve la carne por horas, considera que el sólo exponerla un rato al fuego de las brasas es dejarla cruda. El francés Guinnard estuvo tres años retenido por los indígenas, y lo describió en sus memorias:

> Las mujeres son las encargadas de este quehacer, evitan con cuidado que los alimentos se cuezan o asen demasiado; ponen agua en una vasija, la calientan, cortan el trozo de carne en varios pedazos y los meten en ella, y apenas comienzan a blanquear los sacan [...] y se los comen.[33]

Y continúa relatando que también comían "como un manjar exquisito el pulmón, el hígado y los riñones crudos". No hace falta recordar que los riñones poco cocidos son todavía un tradicional desayuno de la aristocracia inglesa. Una descripción que ratifica este punto de vista –que los indios no comían crudo sino solamente poco cocido– es la que dejó el coronel García en su viaje de

1822 por el sur de la provincia de Buenos Aires: "nos invitaron con un asado de cordero [...], nos lo presentaron semi-crudo, que es el modo que ellos lo comen".[34] Nuevamente podemos citar a D'Orbigny, que en 1826 describía lo siguiente: "Una vez reducida la leña a un montón de brasas, le echaban encima un enorme pedazo de carne cuya superficie quedaba calcinada. Al considerarla suficientemente cocida la sacaban del brasero y, quitándole la parte quemada, comían la del medio".[35] Exactamente como la describimos antes, y pese a lo habitual que era, hoy nos parecería muy poco de gaucho comer la carne de esa manera. Es decir, el gaucho debe comer como *creemos* que comía, no como realmente lo hacía.

Tampoco es cierto que los indígenas sólo comieran carne "cruda", como los pintaron sus enemigos. Lucio V. Mansilla, quien no era precisamente un amigo, relata que en los toldos del cacique Mariano Rosas le sirvieron grandes platones de madera desbastada "rebosando de carne cocida y caldo aderezado con cebolla, ají y harina de maíz", luego que terminaron esto, que "estaba excelente, caliente, suculento y cocinado con esmero", le sirvieron otra tanda "como para frailes pantagruélicos" de asado vacuno que al parecer estaba "riquísimo" y, como postre, algarroba pisada con maíz tostado y molido. Siguió el agua y luego las bebidas alcohólicas. Al parecer, los ranqueles no comían tan mal ni eran en gastronomía tan salvajes como se los pintaba, y le dieron una buena lección a un sibarita como lo era Mansilla.

Siempre se asoció al indígena con la carne de yegua, y nada es más parcial que eso. No es que no sea verdad, pero también las tropas se alimentaban normalmente de yegua, incluso la oficialidad y no sólo en caso de que faltaran otros alimentos. Las crónicas de frontera son más que claras al respecto; el comandante Manuel Prado, por caso, lo detalla así:

> *se enlazaron y carnearon algunas yeguas, y bien pronto vimos alzarse el humillo perfumado que despedían los churrascos de potro, exquisito plato de aquel menú de gala. Y estoy seguro que el general Roca no habrá hallado jamás [...] un manjar que le supiera como aquel pedazo de costillar de yegua que le serví de cena el 24 de mayo de 1879.*[36]

COCINAR Y PONER LA MESA

Los grandes cambios en el aprovisionamiento de la carne llegaron primero con la forma de cortar el animal: hacia mediados del siglo XIX, el serrucho reemplazó al hacha; más tarde, cuando el higienismo exigió cortar sobre mármol y no sobre cuero ni sobre el piso, y por último, cuando se prohibió la venta al destajo para pasar a la venta por piezas y/o por peso. Si bien el corte en piezas pequeñas se inició hacia 1880 como respuesta al aumento del costo de la vida, aún hacia 1914 se vendía la carne por cuarto de animal, pero ya era raro. La venta por peso y corte fue cambiando el hábito del consumidor durante el siglo XX, bajando los costos y haciendo más fácil el consumo y conservación de la carne.[37] La sierra eléctrica, si bien existía desde principios del siglo XX, sólo se haría habitual en las carnicerías hacia 1930, permitiendo despachar –incluso por unidades– cortes con hueso delgados como los bifes. Y si hablamos de carne, el consumo del caracú, es decir del hueso con su médula, era una antigua costumbre colonial; no la trajeron los italianos, con cuyo famoso *osobucco* rebautizaron algo que ya existía. Las excavaciones arqueológicas han hallado huesos largos cortados cuidadosamente al medio con cuchillos o hachas para extraerles la médula, y esto desde el siglo XVIII con certeza.

Entre los siglos XVI y XIX, para cocinar se usaban pocos artefactos: ollas globulares o subglobulares para hervir, ollas de base semiplana para freír con grasa, y lebrillos para comer. La carne se asaba en varillas de madera o hierro verticales apoyadas en el piso, u horizontales ante un fuego de pared o chimenea, como en toda Europa.[38] La cocina llamada en su momento "moderna", es decir, un mostrador horizontal contra la pared con fuego de madera en hornallas de ladrillo, no se impuso hasta los inicios del siglo XIX. El ex virrey Liniers hizo en su casa en Alta Gracia una cocina a la que tuvo que describir en los documentos con el preciso término de "moderna" para que se entendiera de qué se trataba.

Los utensilios para cocinar casi no cambiaban: los grandes platos llamados lebrillos eran multifuncionales: los más grandes medían más de un metro de diámetro y se usaban para bañarse; los medianos, para cocinar; los chicos, para comer en la mesa. También se usaban las escudillas, platos pequeños de paredes inclinadas aptos para poner entre las piernas y comer sentado pero sin mesa. La costumbre del *cocido*, del puchero y de las comidas hervidas y aguadas requería un recipiente amplio, de boca abierta y paredes altas; comer puchero en un plato playo se hace difícil. El asado siempre se hacía en vertical, casi nunca en parrilla horizontal.

Es parte de una norma universal en el Occidente

europeo que la olla se usa para hervir; la sartén, para freír; la parrilla, para asar; y la cazuela, para guisar; pero para indígenas y afroporteños parece que nunca fue así. Una de las primeras descripciones del segundo sistema antes citado lo dejó Vicente Quesada al hablar acerca de la cocinera de don Canuto: "una negra que hace sopa de pan viejo con huevos, puchero con zapallo y batatas y carbonada nadando en un mar de grasa. Me olvidaba, hace muy bien el asado en parrilla".[39] Y lo citamos porque don Canuto, que sí se fijó en el color de la piel de la cocinera, no mostró interés en destacar que parte de lo que citaba constituía el aporte africano a la cocina porteña: el zapallo, la carbonada y el aprovechamiento integral de la grasa.

Hasta el siglo XIX, la costumbre colonial cuando se comía en la casa era colocar en la mesa un lebrillo o fuente grande y pocos platos –en realidad, *escudillas*–, y de la fuente se servían todos los comensales. Se usaba un mismo recipiente o plato-escudilla, aunque se variara de comida, y se comía con las manos. Los cubiertos llegarían más tarde.

Pero fuera de la casa no siempre era así. Tenemos descripciones de las abundantes comidas que se servían en ocasiones especiales: hasta hace tan poco como la mitad del siglo XIX, la costumbre era servir opíparamente. Se ponía todo –realmente *todo*– encima de la mesa. Y los libros de gastronomía y modales así lo indicaban, aquí y en Europa. Mucho o poco, variado o no, rico o pobre, todo se colocaba de una misma vez para que el comensal eligiera con los dedos directamente; todavía no se había inventado ni el menú ni servir un plato después de otro; tampoco importaba la temperatura ni el grado de cocción. Ésos son inventos modernos, racionales, de una sociedad que ya podía lidiar con el problema de conservar alimentos. ¿Por qué no servir todo junto, si al final nada se podía guardar? Valga como ejemplo lo que le sucedió en nuestra ciudad al inglés Gillespie en 1806, a quien le sirvieron "veinticuatro manjares; primero sopa y caldo, y sucesivamente patos, pavos y todas las cosas que se producían en el país".[40] Otro inglés cuenta que, en 1819, "sirvieron unos veinte platos de diferentes especies uno tras otro: que iban desde pastas hasta ensaladas, carne asada y guisos".[41] Merece recordarse el *convite* que se le ofreció a Ceballos –el primer virrey designado para el recién establecido Virreinato del Río de la Plata–: duró cuatro opíparos días de 1777 y costó la friolera de doce mil pesos, pagados por la comunidad. Durante casi un mes se acumularon víveres, manteles, vajillas y licores importados; en esos días actuaron catorce músicos, en la cocina hubo dieciséis personas, se rotó la servidumbre y se contaba con una lavandera permanente para la mantelería. El toque de lujo fue que se mandaron a hacer cubiertos de plata para que los comensales se los llevaran como trofeo de la batalla gastronómica. Se compraron 25 cajas de dulces de Chile y 10 arrobas de dulces de almíbar, naranja, sandía, batata, toronja, membrillo, limoncillo y otros; 81 pavos, 300 gallinas, 71 patos, 240 pollos, 160 pares de pichones, 8 terneras, 6200 huevos y además garbanzos, mantequilla, sal, almendras, limones, azúcar, aceite, chocolate, chorizos, jamones, lenguas; las bebidas no se escatimaron, a tal grado que sobraron un barril de vino de Burdeos, 40 botellas del mismo vino, 181 botellas de otras marcas y 32 frascos de licores.[42]

En las corridas de toros que organizó el Cabildo en 1753 se gastaron 183 pesos en la merienda de los cabildantes, por tres días: 6 arrobas de dulces, 4 de bizcochuelos bañados, 20 de torta de rosa, 26 frascos de horchata, 18 frascos de guindas, 12 de canela, 5 de limonada y 6 libras de bizcochuelo tostado. Más tarde, en 1812, a los capitulares se les sirvió un desayuno-almuerzo –costó 94,60 pesos– que incluía chocolate con leche, café, pan, bizcochos, dos fuentes de bacalao, otras dos de huevos con tomates, dos de pichones con tomates, dos de pichones asados, un jamón, dos fuentes de salmón, ensalada de remolacha, doce limetas (botellas) de vino de Burdeos, dos limetas de champán, nueve de varios licores; y hubo duraznos, peloncitos, peras y brevas.[43] Por supuesto, esta abundancia era cosa de virreyes, pero en casas de campo más modestas el mecanismo de servir todo y de todo era similar: Arnold narra que en su visita a Arrecifes le sirvieron de cena, a las cinco de la tarde, "la universal carne de vaca, las costillas asadas; después trajeron aves adobadas con verduras, muy ricas; la tercera fuente fue un plato español: un picadillo de carne de cerdo y pimienta y otras especias, picado muy fino y de gusto muy rico, creo que tenía sesos dentro".

También cuenta que al día siguiente sirvieron un almuerzo de pichones asados de primer plato, luego huevos fritos con manteca y té para finalizar; la cena fue de "sopa de fideos finos, carne de vaca asada o frita, carne estofada con jugo, aves hervidas con calabazas, luego una suculenta sopa de carne para concluir, antes del postre de sandía".

En realidad, nadie comía todo lo que había; la costumbre era, al menos desde inicios del siglo XVIII, que la cocina para la aristocracia se preocupara porque los comensales tuvieran a mano lo que fuera de su gusto; por lo tanto, era necesario presentar una variedad notable de platos para dejar a todos satisfechos. Es la versión inversa del menú actual, donde se selecciona *antes* y no *después*. En 1819, Emeric Vidal criticaba que:

> *En Buenos Aires el lujo de las mesas consiste en la superabundancia. Se tiene en tan poco, por cierto, el bocado exquisito, que el agricultor no pone el menor cuidado en obtener mejores frutas y legumbres [...] porque son preferidos los de precio bajo, a las clases más finas pero más caras.*[44]

Esta variedad alimentaria contrasta con la monotemática presencia rural del asado al fuego que algunos nos contaron, sostenida la carne por una varilla clavada en el suelo como se ve en cientos de ilustraciones y descripciones hechas por los viajeros en sus paradas de postas en el campo. Esa redundancia del tema, producto de la visión de los viajeros, que eran en su mayoría ingleses, debe ser la causante principal de la idea prevaleciente en la historiografía –en su mayoría escrita en el siglo XIX– de que la dieta estaba exclusivamente basada en la carne vacuna. Es cierto que las cantidades de carne vacuna que se consumían era enormes para el promedio europeo, y desde el siglo XVII los jesuitas centroeuropeos no podían creerlo aunque lo viesen con sus propios ojos. Lo que más les llamaba la atención no era tanto lo que se comía, sino lo que se desperdiciaba. Pero la variedad de la dieta era, pese a la carne, bastante amplia y los mercados surtían diariamente de toda clase de productos; no eran los supermercados modernos, pero era posible elegir, y había tanto productos caros como productos baratos. Y tenemos un buen ejemplo en la arqueología: cuando se excavó en la calle Balcarce 433, se hallaron dos sitios con acumulación de desperdicios de cocina: uno era de la iglesia de Santo Domingo, la que había ocupado ese terreno hasta 1823; el otro, de los obreros que veinte años más tarde construyeron un edificio encima. En ambos había huesos, pero eran muy diferentes entre sí. El de los religiosos tenía una enorme cantidad de espinas y escamas de pescados; el de los obreros no, ya que no debían respetar los días de abstinencia de carnes rojas de la Iglesia. Ambos tenían gran variedad de restos, es decir carnes rojas y blancas, pero la diferencia estaba en el significado de esa variedad: unos comían variado porque ése era un lujo gastronómico que podían pagar; los otros simplemente comían variado porque, seguramente, la dueña de la fonda elegía lo más barato del mercado cada día. Incluso en el campo parece que las cosas no eran tan aburridas, de carne y sólo carne. Para el francés Armaignac, en los sitios modestos se complementaba la carne, cocinada de varias maneras y no sólo asada, con las habituales empanadas, pasteles, queso, frutas en aguardiente, vino y licores.

Pero ya desde mediados del siglo XIX los escritos muestran que la comida no era un hecho estático. Eso enojaba, por ejemplo, a Lucio V. Mansilla, quien discutía por la presencia de alimentos importados, diferentes, que estaban cambiando algunos hábitos para él arraigados desde siempre; orgulloso expresaba: "La mesa de mi padre no era servida por ningún artista culinario, pero se comían en ella cosas criollas muy buenas, aunque protesten los sibaritas refinados".[45]

Por supuesto, la alimentación de los grupos más altos, donde nada faltaba, no era igual a la de los demás; una gran parte de la población no sólo no comía de esa forma y con esa vajilla sino que muchas veces pasaba hambre; o lo que era considerado en la región como pasar hambre. Y esto constituye otro tema pendiente de estudio que ha quedado relegado ante la imagen tan difundida de una sociedad con un acceso demasiado fácil a la carne. Mariquita Sánchez escribió que, en casos extremos, "La gente pobre padece mucho: se comen caballos, gatos, perros. Nosotros no, pero los soldados...".[46] Una imagen opuesta es la que dejó D'Orbigny en 1827, cuando un campesino correntino –a quien él consideraba extremadamente pobre– le dijo que no se podía quejar: "¿[...] quejarse? ¿Y de qué se iban a quejar? ¿Cómo podían ser desgraciados? me decía el dueño de casa... si tenían para comer".[47] Las tropas eran parte de los grupos que más sufrían por una alimentación irregular. Tenían que contentarse, a falta de yeguas, con esos "sabrosos y exquisitos [...] fiambres de hígado de yegua, duros como piedra, pero caros a nuestro paladar y nuestros estómagos",[48] llegando a extremos como las "panzadas de guisos y tortas fritas hechas con el sebo [de las velas] que robábamos a los muertos [en los cementerios]".[49] Este último caso, hoy en día, nos hace doler el estómago de sólo pensarlo, pero como dice el refrán, "a buen hambre no hay pan duro"; y podríamos agregarle el muy porteño "todo bicho que camina va a parar al asador", lo que, como vemos, es realmente cierto.

Más adelante veremos un poco más acerca de la dietas tanto urbana como rural en la región, pero los cambios están bien descritos por la literatura. Fray Mocho mostró la diferencia en la comida cuartelera de los militares "de antes" –es decir, de mitad del siglo XIX– y los de su tiempo –finales de ese siglo–: "¡Ustedes no tienen fuerza ni para mascar la carne, ché! Un churrasco o un puchero de agujas les da indigestión de sólo verlo, ¡cuánto más una picana de avestruz medio chamuscada o un costillar de mula...!".[50] Recordemos que la picana de avestruz era la carne de la grupa, y era la favorita, junto con el estómago, que, a su vez, según Francisco Javier Muñiz, era preferido incluso a la lengua de vaca; y eso era mucho decir. Hacia 1900, un vagabundo también descrito por Fray Mocho decía despectivamente de sus colegas que "le hacen cara fea a un caracol".[51] Sólo treinta años más tarde los caracoles se transformarían en un manjar afrancesado exquisito que perduró en nuestras mesas hasta la década de 1950, para luego convertirse en una rareza, junto con las ancas de rana, otro plato muy sofisticado de nuestros días.

Regresando al avestruz tenemos la descripción del "más opíparo banquete que imaginarse pueda. Se asaron unos alones y una picana y comimos con deleite, con gula, como no volví a comer en mi vida".[52] Como siempre, todo es cuestión de entender desde dónde se miran las cosas, desde arriba o desde abajo. El francés Ebelot llegó empapado a una posta en el camino donde le prepararon al asador medio capón, el cual

nos proporcionó un humo abominable, pues el fogón estaba en el centro mismo de la pieza y ésta carecía en absoluto de chimenea. A pesar de todo, me hallaba perfectamente bien [...] contemplando las ascuas rojas que formaban al consumirse los trozos de bosta de oveja. Es el combusti-

*ble del campo. Las exhalaciones amoniacales del fogón se
mezclaban con el olor del asado y con el vapor que se elevaba
de mi chorreante vestido".*[53]

Imaginemos, intentemos imaginar ese ambiente cubierto
de humo de bosta de oveja, la grasa chorreando,
el techo de paja negro de humo, el piso de tierra siempre
húmeda donde había que tirarse a dormir al terminar
de comer... ¿Aceptaríamos hoy que nos hicieran asado
con bosta de oveja?

En los niveles sociales altos, las cosas iban cambiando
con el paso del tiempo: las grandes comilonas
del siglo XVIII eran ya mal vistas después de la mitad del
siglo XIX. Un ejemplo es el que trae Vicente Fidel López
en su libro *La gran aldea*, escrito en la década de
1870, cuando al entrar al salón comedor nada menos
que del Club del Progreso, se encontró con una

*gran mesa en herradura con mesas centrales, y sobre ella
habían levantado los mismos catafalcos de cartón y pasta de
azúcar de todos los años. Se cena execrablemente en el Club
del Progreso y el adorno de la mesa tiene mucho de lo de
iglesia: los jamones en estantes de jalea, los pavos y las galantinas*
[gelatinas] *cubiertos por banderas del mundo.*[54]

Lo que no advertía López era que la culpa no la tenía
el club, era la forma de presentar la comida lo que
estaba cambiando. El viajero inglés Francis B. Head
participó en un almuerzo en 1827 en el que tres esclavas
negras le sirvieron veinte platos seguidos sin respiro alguno:
sopa de pan y vermicellis, varios guisos y hervidos
de carne de vaca, ternera asada, ensalada de lechuga, va-

rias verduras con aceite; luego vino la oración y después las frutas, para terminar con una jofaina en la cual todos se lavaron las manos, que, a falta de cubiertos, habían usado para comer. Esta masividad coincidía con la de la preparación de algunos platos especiales. Juana Manuela Gorriti recomendaba la Sopa Teóloga:

Parte integrante de las suntuosas comilonas con que los Padres Agustinos, de Lima, festejaban a los huéspedes invitados a sus conferencias teológicas, ha tomado el nombre de éstas.

Se compone de caldo hecho con carne de pavo, de gallina, pichones, vaca, cordero, cabeza y patas de ídem, y un puñado de garbanzos: todo esto, con sal al paladar, cocido a fuego lento en una olla con tapa. Se pondrán previamente en la sopera, trocitos de pan cortados en forma de dados, y fritos en grasa de puerco o en matequilla; zanahorias, alverjas verdes, repollo (todo esto, cocido de antemano en caldo aparte); cebollas remojadas en sal con agua caliente. Además, todos los menudos de las aves con que se ha hecho el caldo: hígados, corazón, mollejas y hueveras, se picarán en menudos trozos, añadiendo rebanadas de huevos duros. Sobre todo esto, se verterá el caldo, bien hirviente, y vuelta a tapar la sopera, se la dejará reposar diez minutos y se sirve.[55]

Para entender esto debemos tener claro cómo han cambiado nuestros patrones alimentarios, de gusto y el que la sopa fue parte fundamental de la mesa urbana hasta mediados del siglo XX. Lo otro a pensar es el hecho de ponerle pan a la sopa, antiquísima tradición del pobre en el mundo; aún hoy lo hacen quienes no la pueden aumentar o acompañar con otra cosa. Antes el pan era sím-

La modesta vajilla del gaucho en la periferia de Buenos Aires
a comienzos del siglo XX: asador vertical, cuchillos, botellas, un mate
y una caja de sal (fotografía de H. G. Olds).

Comer parado: parte de la rutina porteña del siglo XIX para los trabajadores del puerto, servidos por afroporteños; origen de los "carritos" que llegaron hasta fines del siglo XX. Nótese el tamaño de los vasos (fotografía de H. G. Olds).

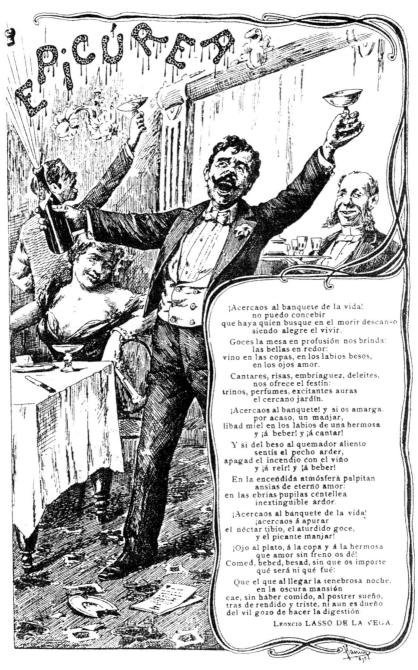

La mesa de los nuevos ricos: despliegue de copas, vasos y platos rotos nada más que para celebrar el placer de vivir a finales de 1898 (archivo CAU).

Cocina "moderna" construida por Santiago Liniers al trasladarse
a Alta Gracia en 1810 (fotografía de Mario del Boca,
cortesía Museo Histórico del Virrey Liniers).

Comiendo en el piso: la olla en el fuego y la cruz con la carne que se
come cortando con el cuchillo desde la boca; el agua en chifle de
cuerno. No hay muebles ni equipamiento para el pobre
(litografía de Carlos Pellegrini, 1841).

Comiendo en el camino: *La posta*, acuarela de León Pallière de 1858.
Una imagen de las formas rurales de cocinar: el asado horizontal para
animales chicos, la olla de cerámica del hervido, la pava del mate,
la olla de hierro de tres patas para el guiso,
la oveja para el gran asado.

La socialización del pobre: una pulpería de 1862 según León
Pallière. Se usan por igual piso y cajones, todos participan y se
venden pelelas, charqui, chorizos, ajo, pescado ahumado, ginebra
(botellas cuadradas), vino (botellas redondas), aceite (botijas
acostadas) y licor fino en una ampolla de vidrio sobre base de paja.

La costumbre de poner la bebida en el centro: una botella de ginebra
orgullosamente parada acompaña el mate habitual; mientras
usan la pava chica, otra grande descansa sobre el fuego
(fotografía de Francisco Ayerza, circa 1880, colección CAU).

bolo indiscutido de riqueza, ahora para muchos es de pobreza. "Las penas, con pan, son menos", dice el refrán.

La mesa hogareña colonial era una tabla larga y a los lados se usaban bancos fraileros y un único sillón en la cabecera para el dueño de casa. Un mantel, cuando lo había –Wilde dice que se lo reconocía por las manchas–, generalmente cuchillos –que todos los hombres de campo llevaban en el cinto–, un tenedor de dos puntas para trinchar, un cucharón para servir, a veces cucharas, y por supuesto, las manos, siempre las manos. El vino o el agua se servían en jarras y desde fines del siglo XVIII se hizo habitual la presencia de la botella de vidrio en la mesa en lugar de la jarra, la que se rellenaba una y otra vez. Un único vaso daba vueltas y vueltas; las copas eran raras y sólo se usaban en ocasiones especiales, y hubo que esperar un siglo para que se difundieran y fueran un elemento de uso común.

La rareza de la ropa de mesa se adivina en los inventarios de testamentos coloniales: en más de 1100 de ellos que fueron analizados, fechados para finales del siglo XVIII, sólo quince familias la tenían de buena calidad; los demás no tenían casi nada o la tenían incompleta; ¡y se trataba del nivel social más alto de la ciudad! La gran mayoría de los comedores era como el de don Braulio a mitad del siglo XIX, en donde se comía "sin poner otros manteles que la tapa de una caja de puntillas".[56]

Las similitudes y diferencias con los países a los que se pretendía copiar eran enormes, y no sólo por la pobreza: el vaso cervecero –de base extendida– apareció aquí fugazmente y nunca se hizo popular; la copa de tradición inglesa del siglo XVIII –con el pedestal estrecho y alto– nunca fue usada antes de 1900, y la costumbre de lavarse las manos en la mesa o la de comer con las manos sólo desapareció hacia 1850. Que el café con leche rebalse la taza e inunde el platillo es aún norma de cortesía en todo el interior del país; y la carne se sigue sirviendo muy cocida en casi todas partes, siendo el gusto por lo poco cocido una costumbre asociada con los porteños; ¡los mismos que medio siglo antes criticaban a los indígenas por comerla de esa forma! Sólo en la década de 1880 entre las clases más altas se dio el comer de la manera que Vicente Quesada describió como enteramente a la europea:

> *las invitaciones se hacen con la debida anticipación. Los caballeros visten frac y corbata blanca. ¿Y las señoras? No es posible elogiar exactamente la exquisita elegancia y la riqueza con que las modistas de París proveen a las familias ricas* [...].

Varios textos de cronistas han documentado las formas de usar la vajilla de mesa; por ejemplo, Batolla recuerda que, en su infancia, la mesa se cubría "con un mantel blanco", pero "no contenía ni bandeja para el pan, ni salseras, ni mostaceras, ni lujosas vajillas, ni tanto otro apéndice que hoy se hace indispensable en nuestra vida moderna".[57] Según otro escrito de la época, *"los ingleses introdujeron la costumbre de poner un vaso o una copa en cada asiento, de cambiar los platos cada cambio de comida y de brindar al final"*.[58] Y hacia 1815, según el relato de Wilde:

> *En las casas menos acomodadas, pero no tan absolutamente pobres que no pudieran tener más, sino porque era costumbre, se servía el vino para todos en un solo vaso, o*

dos cuanto más, vaso que pasaba de mano en mano y por consiguiente de boca en boca de los presentes.[59]

Una descripción más tardía, de 1910, dice: "bebían de un solo vaso y lo pasaban de mano en mano, ceremoniosamente".[60] Pero no sólo era el mate o el agua, también "se hacen servir una jarra llena de caña –porque no les agrada el vino–, la cual van pasando de mano en mano".[61] El viajero Arnold nota con estupor que, tras una cena muy bien servida, se traía a la mesa la sopa para seis personas en tan sólo tres tazones, de cada uno de los cuales tomaban dos comensales:

en la casa no hay más que dos o tres vasos y éstos sirven para todos lo que están en la mesa; sin embargo el dueño de casa está ricamente vestido de traje de gaucho y los botones de su cinto de cuero son 4 onzas de oro.

¿Socialización?, ¿falta de barreras entre los comensales?, ¿continuidad de actitudes que en Europa ya habían sido abandonadas y por eso en el siglo XIX eran consideradas raras? Otro buen observador de la vida de campo en su tiempo, Santiago Estrada, contaba en 1866 que esto no sólo sucedía en las casas sino también en los negocios en que se vendían bebidas y en los bailes, en donde se compartía con desconocidos: "se pasan el vasito que el pulpero llena con frecuencia".[62] D'Orbigny escribió:

se coloca sobre la mesa una botella o frasco de vino, que se ataca al final de la comida, bebiendo por lo general del mismo vaso; los que tienen sed piden una olla de agua, que se bebe también en común.[63]

Antes, otro viajero, el español don Félix de Azara, dijo que no se bebía vino sino aguardiente y

es costumbre llenar un vaso grande y convidar a los presentes pasando de mano en mano y repitiendo hasta que finaliza el dinero del convidado, tomando como desatención el no beber siendo convidado.

Tal vez con estos datos se pueda ahora comprender mejor la enorme diferencia que había entre esta forma de compartir la bebida y el hecho de tomar un café en una cafetería. Era la distancia enorme que hay de lo público a lo privado, del bullicio a lo silencioso, del "atropello montonero" del que se quejaban los primeros románticos, a la paz y respeto de lo individual alabado por la Generación del '80.

La costumbre de servir la mesa llevando a ella un plato después del otro, esperando que se termine el anterior y sirviendo a todos los comensales lo mismo y al mismo tiempo en cada ronda, es relativamente moderna: se inició en Europa occidental después de 1810 y fue internacionalmente adoptada hacia 1850. Bajo el nombre generalizado de Servicio a la Rusa, desde París se difundió el método nuevo, que reemplazó al Servicio Francés usado hasta entonces y que ya hemos descrito. La nueva cotumbre viene junto con otra, la del restaurante como sitio de esparcimiento burgués: el ir a comer como juego social. Una taberna colonial era un lugar modesto adonde iban a comer los que tenían hambre y estaban lejos de su casa; los hoteles tenían su lugar para comer –por lo general atendido por la dueña en mesas largas– y a nadie le gustaba ir allí a menos que necesitara hacerlo; en cambio, un restaurante era un lugar de comidas, un sitio generalmente caro donde uno iba a encontrarse con sus pares, a degustar platos especiales preparados por un experto, no por una modesta cocinera anónima; comida y hotelería no se pondrían de acuerdo hasta medio siglo más tarde. Con el correr del siglo XIX, esos sitios fueron haciéndose cada vez más especializados y revestidos de mayores lujos: mármoles, dorados, espejos... Y, obviamente, era imposible pensar en el concepto mismo de un restaurante y la forma de servir la comida a la manera antigua. El *menú* resolvió la situación: uno se sentaba y, simplemente, elegía. Había de todo, pero se optaba por algo. Triunfaba nuevamente lo individual, lo personal, sobre lo masivo. El comer y el placer se iban haciendo cada vez más privados incluso en los espacios públicos.

En los sectores más bajos de la ciudad, las cosas eran diferentes: la secuencia de cocinar, guardar, servir y comer se producía a veces casi sin equipamiento alguno; se usaba lo que se tenía, y lo que se necesitaba era poco, casi nada; Alcides D'Orbigny describió un interior de ese tipo:

> *A falta de mesa se pone en tierra el recipiente que contiene la carne o el caldo y se clava el asador al lado, los comensales se sientan alrededor sobre bancos de madera o cabezas de vaca, cada uno corta a voluntad; una cuchara única circula a la redonda y cuando la comida termina, se saca agua del barril con un jarro de lata, y más a menudo, con un cuerno.*[64]

En cuanto a los utensilios de cocina que D'Orbigny vio en otra casa:

se componen de una olla, una pava, un vaso de lata aunque a menudo lo reemplaza un cuerno de vaca, un plato de estaño y dos o tres cucharas de hierro o de cuerno; el uso de las fuentes está poco extendido.[65]

En la década de 1830, Arsène Isabelle visitó el rancho donde vivían unos inmigrantes canarios pobres. Allí había

dos cabezas de buey sirviendo de sillón, un pequeño barril de agua, una marmita de hierro fundido, dos o tres calabazas sirviendo de vasos, una jarra de madera y un asador de hierro clavado verticalmente.[66]

El uso de cabezas de buey como asiento llevó a Alfred Ebelot, a quien le faltaron palabras para describirlas, a apelar a una referencia clásica para que sus lectores franceses lo comprendieran: explicó que eran "idénticas a las que se ven en la metopas griegas".[67]

¿LOS ESCLAVOS COMÍAN?

Al parecer, muy pocos se han hecho esta pregunta, lo cual es muy llamativo, habiendo sido Buenos Aires un muy importante puerto negrero donde para 1810 más del 30 por ciento de la población estaba constituido por africanos o afroporteños. Además, esta ciudad era mercado abierto para la venta y exportación de esclavos a Lima, Potosí y Chile, y por aquí pasaron muchas decenas de miles de ellos... Sin embargo, parecería que los africanos no comían. Al menos, nadie lo narra con claridad: sólo algunos románticos como Echeverría se horrorizaron porque las mujeres robaban grasa en los mataderos o rellenaban sucias morcillas, sin entender que no tenían otra cosa que comer, en el paraíso de la carne. Por cierto, se les debía dar muy poco alimento, y del peor, así que realmente no había mucho que describir, pero afortunadamente la arqueología ha podido ver una parte de esto que parecería no visible.

Las excavaciones han permitido descubrir una serie de ollas muy especiales que hemos atribuido a estos desdibujados personajes borrados de nuestra historia y que llegaron a ser el 60 por ciento de la población de gran parte del interior del país. En particular había ollas pequeñas, muy modestas, de cerámica modelada con la mano, oscuras, de mala cocción, de menos de 15 centímetros de diámetro; son totalmente diferentes de lo indígena y lo europeo, no fueron hechas ni con molde o torno –tradición europea– ni por choriceado –tradición indígena–. Posiblemente, estas vasijas fueron usadas de la misma manera que en África y en todos los países de nuestro continente en que los africanos fueron dispersados: se las dejaba sobre un fuego reducido o al rescoldo de las brasas durante todo el día, y se comía de allí sin horario ni ceremonial alguno. Esto no debe resultarnos raro, en los textos aparecen comidas de ese tipo: "estas ollas de barro permanecen casi todo el día al lado del fogón cocinando el locro, comida principal de aquellos habitantes".[68] Hoy creemos que locros y carbonadas son la herencia afro que llegó hasta la actualidad; al mondongo lo resemantizaron los españoles.

Hay una larga lista de alimentos que podemos atribuir a los africanos y luego a los afroargentinos y que al-

71

gunos historiadores han confundido bajo el nebuloso título mítico de "gaucho". Sin duda, algunas tradiciones africanas aún perduran, como el puré de zapallo, que ha llegado hasta nuestros días. Pero nada más directo que la palabra *mondongo* para denominar el estómago de la vaca: esa palabra identifica a un grupo étnico africano y era a su vez el nombre de una nación (grupo étnico autoorganizado en comunidad) de esclavos en Buenos Aires. No lo comían porque les gustara, sino porque era lo único que se les dejaba: los mataderos lo tiraban –jamás se comían las achuras– y ellos lo iban a buscar en baldes y lo aprovechaban. Para los blancos, que los negros comieran lo mismo que los perros y los pájaros carroñeros era un signo despreciable y de bajeza cultural. Pero no era gusto, era supervivencia. Quien lea "El matadero", de Esteban Echeverría, y su grotesca descripción de una negra que separaba grasa e intestinos descartados para llevárselos, podrá entender el profundo racismo que han encerrado los alimentos en nuestra historia. Los esclavos y sus formas de comer y usar la vajilla, incluso de hacérsela ellos mismos, ya que por lo general no tenían ni siquiera acceso a la descartada por sus patrones, son temas poco explorados hasta ahora.

El charqui, luego convertido en tasajo, alimento que exportábamos masivamente desde el siglo XVIII tardío para los esclavos de Brasil, Cuba y todo el Caribe, tiene una historia similar. Se trataba de lonjas de carne de unos cuatro centímetros de ancho que se dejaban secar al sol, generalmente sin agregados y a veces con sal, colgadas de largas sogas al aire libre, técnica aprendida de los indígenas. En algunos lugares aún se lo prepara así. Quien lo haya visto recordará el olor nauseabundo que despide, ya que más que secarse la carne pasa por un proceso de putrefacción. El resultado, unas tiras duras como el cuero seco, rígidas y totalmente negras, se metían en barriles rellenos de sal, y así se obtenía *tasajo*. Para consumirlo, se lavaban las lonjas durante horas para sacarles la sal y luego se las hervía, a veces el día entero, hasta que se ablandaban y formaban un caldo con alguna grasa, que los esclavos digerían porque peor era morirse.

Pese a que estamos haciendo una primera aproximación a un tema no explorado antes, podemos pensar que lo que ha quedado es más fuerte que lo que creemos. Además del locro ya citado, tenemos en el interior la *chanfaina*, con menudos de chivo y grasa, los chicharrones (¡quién querría comer grasa frita en el reino de la carne!), el caldo de pata o de cabeza de res, los platos con sesos y en especial con achuras. Tema abierto a los nuevos historiadores de la gastronomía nacional.

CUBIERTOS Y MODALES DE MESA

La presencia –y la ausencia– de cubiertos en las mesas de Buenos Aires es muy interesante y ha despertado dudas en algunos historiadores, asombrados por lo raros y poco habituales que fueron, y por lo tardío y lento de su adopción.[69] Puede horrorizar a muchos, pero nuestros prohombres comían con las manos, tomaban la sopa del plato y chorreaban grasa por los brazos. Sin embargo, no es de extrañar. Fernand Braudel nos informa que el tenedor fue un invento del siglo XVI tardío y que uno de los primeros tenedores europeos que figura en un cuadro fue dibujado por Jacopo Basano en 1599; en Inglaterra no aparecen tenedores en los inventarios antes de 1660 y su uso no se generalizó hasta 1750. Cuenta Braudel que el primer plato playo de la historia del que tiene noticias es de 1538, bastante después de haberse descubierto América. En los inventarios de dotes o testamentos de esta región del mundo sucede algo muy similar: un primer tenedor figura en una dote de Santa Fe la Vieja de 1647[70] y seguramente era sólo para trinchar, es decir que tendría dos dientes, de allí que haga juego con una docena de cuchillos. La presencia de tenedores como objetos de lujo está bien ilustrada en los inventarios de Buenos Aires de entre 1776 y 1810; muestran que había 3689 tenedores de plata, mientras que sólo había 90 de todos los otros materiales.[71] Esto significa que entre los pobladores de mayores recursos había un promedio de unos tres tenedores por casa. Un inventario de productos a la venta en pulperías porteñas, que seguramente tenían un público más amplio que aquellos privilegiados que dejaron listas de sus bienes, indica la presencia de "cubiertos" una sola vez y de la dupla de cuchillos y tenedores sólo tres veces, todo esto entre 1740 y 1830.[72] Si se pudieran inventariar las casas pobres en esos mismos años, la cifra de tenedores sería, qué duda cabe, cero. Y con la clase alta un siglo antes habría pasado lo mismo: los cubiertos se difundieron masivamente a fines del siglo XVIII, ya que los nuevos platos playos de loza obligaban a usarlos. Antes, no había platos de base plana sobre los que cortar.

Un dato interesante es el que trae el tratado italiano de modales escrito por Nolfi en el siglo XVII, donde indica que el tenedor sólo debe usarse para servir la carne desde la bandeja, pero jamás en el plato. Informa que, por la gran incomodidad que implica usarlo, está "a punto de ser abandonado".[73] Sirva de ejemplo el inventario de los expulsos jesuitas de Mendoza, donde había seis cuchillos, ochenta y tres vasos, platos, fuentes y jarras pero ni un tenedor y ni una cuchara.[74] Todo esto demuestra que el único cubierto reconocido como tal entre los grupos bajos era la cuchara y eso desde el siglo XVIII; el cuchillo tenía obviamente otras funciones además de la de utensilio para comer. Por ejemplo, Ricardo Güiraldes, en su *Don Segundo Sombra* de 1917, indica que el símbolo de la aceptación de un nuevo gaucho entre el personal de la estancia quedaba definido con la frase "pásele un plato y una cuchara al mensual nuevo".[75] Con eso estaba todo dicho. Y así describe la grandiosa fiesta a los ojos de la peonada: "Los dueños de la feria así como los estancieros y los clientes de consideración, tenían adentro acomodada una mesa larga, con muchos vasos y servilletas y jarras y frascos y hasta tenedores".[76] También sobre este tema D'Orbigny tiene algo que decir:

> *tuvimos cada uno un plato y un cubierto* [...] *lo que es el* nec plus ultra *del lujo y de la cortesía, porque en casas menos opulentas los platos y los tenedores son muy raros: cada uno saca un cuchillo del bolsillo, come con los dedos, lleva las manos al plato, pone los huesos a un lado para tirarlos después, se sirve como puede y se limpia con el mantel o repasador que recubre la mesa.*[77]

En las fondas baratas de la ciudad, en las que Wilde no entraba pero que igual describía, "todo era sucio, muchas veces asqueroso; manteles rotos, grasientos y teñidos con vino carlón, cubiertos ordinarios y por demás desaseados".

Otra costumbre que tuvo a maltraer a los viajeros fue la de no tomar agua en la comidas, menos aún alcohol, sino hasta después de terminar. Creo que el que más lo sufrió fue D'Orbigny, quien a cada rato lo resalta. Dice, por ejemplo: "mi digno huésped no podía volver de su sorpresa al verme beber con la comida".[78]

¿Cuánto han cambiado los modales de mesa?, ¿cuánto han cambiado las formas de cocinar y servir?, ¿hasta qué grado los diferentes grupos sociales y étnicos de la actualidad han homogeneizado sus formas de comportamiento en relación con las de los dos últimos siglos? Son preguntas aún abiertas, pero cuyas respuestas podemos atisbar desde la cultura material. Por ejemplo, en el siglo XVIII, don Manuel Gallego, hombre de amplios recursos económicos, tenía en su casa 1108 platos, 273 platillos, 110 tazas y 123 fuentes, lo que más que una muestra de capacidad económica indicaba una mentalidad, al menos, peculiar.[79] Otro personaje de la época, más cercano al común de la clase alta, tenía, según consta en su inventario, una vajilla compuesta por 141 platos y platillos diversos, casi 100 tazas, dos jarros, una tetera y una sola fuente. Qué diferencia con los gauchos, que comían con las manos y el facón, y para quienes pensar en usar un plato simplemente podía llegar a ser absurdo, como bien lo describiera Mac Cann.

UNA DIETA VARIADA

Los alimentos y su preparación estaban signados por algo fundamental y hoy poco recordado: la imposibilidad de conservarlos en su estado natural por la falta de frío.

Las únicas alternativas eran las conservas –en picantes, en grasa animal salada, con aceite, en escabeche, avinagradas o dulces–, ya que las latas al vacío sólo se difundieron en Europa hacia 1840 y se hicieron comunes en la mesa medio siglo más tarde. Tampoco cocinar era un gran arte ya que la *alta cocina* sólo se difundió en Europa hacia 1750. Hasta ese momento, el lujo radicaba en el derroche, en la cantidad y variedad, nunca en la selección o en el valor intrínseco de cada alimento. En Europa, cuanto más rico se era, más carne se comía –de todos los tipos menos la vacuna–; la carne fue, en términos internacionales, siempre el marcador básico del nivel social; hasta que la alta cocina reemplazó la masividad por la calidad y la sutileza, lo único que importaba era la presencia de las carnes. En cambio, aquí se trataba de poner más de todo y de cada cosa ya que la carne no significaba mucho que digamos y lo único realmente exquisito eran los pichones; sobraban el cordero, la oveja y, obviamente, los vacunos.

Los hallazgos arqueológicos de pozos de basura doméstica en Buenos Aires lo confirman. El de la familia Peña por ejemplo, muestra que hacia 1830-1870 comían, además de carne vacuna, cuises, cerdo, palomas, patos, lagarto, avestruz e incluso, al menos en una oportunidad, un gallo de riña. Los obreros que construyeron el ya mencionado depósito de mercaderías de Balcarce 344 (donde ahora se encuentra el local de bebidas y espectáculos musicales "Michelángelo"), entre 1848 y 1850, a la carne de res y cordero le agregaron pescado, especialmente dorados, y una gran variedad de aves. Que en los mercados porteños había una amplia selección de carnes rojas y blancas es más que evidente por las descripciones y documentos históricos. Si en la mayoría de las crónicas de los viajeros aparece casi exclusivamente la referencia a las carnes rojas, esto se debe, sin duda, al asombro que les producía la abundante cantidad de esta carne que se consumía. No siempre vieron o atinaron a describir otra cosa; pero algunos sí se percataron de las aves y su importancia, como Mac Cann, buen observador, que se refirió a las "tropas de pavos, patos, pollos y gansos" que "aumentan la algarabía" del mercado, donde también hay "aves muertas, entre ellas las perdices", que "se alinean en montones". También describe las legumbres, batatas, calabazas, melones y duraznos, exhibidas directamente en el suelo. "El aspecto de la carne no es agradable", agrega, "porque la traen directamente del campo del matadero y aparece muy negra y sucia".[80]

La presencia del avestruz está documentada por los restos óseos, pero también por descripciones; en los primeros años del siglo XIX, Julien Mellet escribía: "Los viajeros las comen con el mismo gusto que si fueran gallinas".[81] Los venados estaban presentes en la comida porteña desde aquél que se les obsequió a los viajeros que llegaron a Buenos Aires con el holandés Ottsen a fines del siglo XVI. Doscientos cincuenta años más tarde, Samuel Haigh todavía escribiría que "los venados de la Pampa proporcionan buena caza".

En síntesis, la carne de vaca en la casa traía la complicación del tamaño del corte –con suerte se conseguía el mínimo a la venta: un cuarto entero–, cuyo olor, después de unos días, era nauseabundo. ¿Cuánto se podía consumir de esos cincuenta o más kilos en ese tiempo? En cambio, las aves, pájaros, peces, incluso el cordero, eran volúmenes manejables, con menor desperdicio y con menos problemas para sacarse de encima lo sobrante, en una ciudad que no contaba con ningún sistema de retiro de basura al menos hasta inicios del siglo XX.

La dieta era tan variada que en el campo hasta se comían pumas, llamados "el cuarto de león" por Ebelot, aunque resultaba una carne "blanca y desabrida, más insípida que la del conejo". Ese mismo viajero gustaba de comer el alón del avestruz, aunque tenía "un olor a aceite rancio y un husmillo salvaje no desprovisto de originalidad, que recuerdan a las cocinas y fondas españolas [no olvidemos que Ebelot era francés]. Su sabor combina bastante bien con la acritud del ají colorado".

Desde su clase social acomodada, Lucio V. Mansilla describe "lo que se podía comer antes de la irrupción internacional":

> carne de vaca, de chancho, de carnero, lechones, corderitos, conejos, mulitas y peludos; carne con cuero y matahambre arrollado; gallinas y pollos, patos caseros y silvestres, gansos, gallinetas y pavas, perdices, chorlitos y becasinas, pichones de lechuza y de loro (¡bocado de cardenal!); huevos de gallina naturalmente y los finísimos de perdiz y teruteru; pescados desde el pacú, que ya no se ve, hasta el pejerrey, y del sábalo no hay que hablar.[82]

Es decir que la variedad de la dieta tanto roja como blanca era enorme, casi inimaginable hoy en día. Manuel Bilbao también recordó que las comidas de antaño

> comenzaban generalmente por la sopa de fideos, de arroz o de pan, a la que se agregaba uno o dos huevos caídos por invitado. Seguíale el puchero de cola o de pecho, con chorizo, verdura y garbanzos, acompañado de una salsa cocida

o cruda de tomates y cebolla: la carbonada que en el vera-
no llevaba choclo, peras o duraznos; el quibebe, zapallo
machacado al que a veces se agregaban papas, repollo y
arroz; el sábalo del río frito o guisado; las empanadas y
pasteles de fuente con carne o pichones; la humita en chala
y el pastel de choclo [...], *la verdura era escasa, pero abun-*
daban el zapallo y la batata. Las papas se traían de Fran-
cia y más adelante de Irlanda [...]. *Los ingleses y otros ex-*
tranjeros difundieron el beef-teck con papas y el té, que
muchos clasificaban de agua caliente y de remedio, pues
durante mucho tiempo se vendía en las boticas.[83]

"Hay 25 pajaritos / encerrados en el pastel"[84]

Detengámonos brevemente en la importancia de las aves silvestres en la alimentación. Hoy nos parece increíble que en las referencias citadas se mencionen pichones de lechuza o de palomas, huevos de tero, gorriones y toda clase de pájaros que hoy serían incomibles. Sólo nos ha quedado la cada vez más rara perdiz y algunos se atreven a una martineta cazada por error, y eso es todo. Pero desde la Conquista los pájaros eran una parte habitual de la mesa y los preferidos de los viajeros europeos acostumbrados en su tierra natal a esa forma de ingerir proteínas animales. La recopilación de recetas latinoamericanas de Juana Manuela Gorriti incluye tres de ellas hechas con pichones entre quince platos con aves, y una entre seis recetas de pastel.[85] En los mercados la variedad era infinita. Las tropas de San Martín se alimentaron gracias a los palomares que construyeron y que hicieron posibles sus campañas. La famosa *polenta con pajarito* no es un mito, era común hace menos de cincuenta años. ¿Y porqué no?, los pájaros son fáciles de capturar, sin costo o casi, es carne con sabor, sin desperdicios, que se come con la mano... sólo un poco complejo de desplumar, pero para eso se había inventado el agua hirviendo, la que cuando estaba realmente caliente se decía que "está para pelar pollos".

Quien recorra la campiña en todo el país podrá aún ver esas grandes construcciones, cuadradas o cilíndricas, que eran los palomares para criarlas en gran cantidad, a veces de a miles de ellas. Cerca de la ciudad de Buenos Aires, el de la antigua chacra de Caseros está restaurado y completo. Por dentro no eran más que paredes con agujeros donde se reproducían; sólo había que proporcionarles granos para que se acostumbren a estar allí.

¡Otra vez sopa!

Las formas de comer en nuestra región evolucionaron a veces de manera similar a las de Europa occidental, y esto, por supuesto, no es casual. Incluso había similitudes en muchos aspectos del consumo de carne, salvo por la abundancia: en eso sí las diferencias eran notables. Pero la costumbre difundida en las clases bajas de preparar un plato único que contenía de todo, hervido y servido en un gran recipiente como ya hemos descrito, es la mejor explicación para la presencia arqueológica, hasta bien entrado el siglo XIX, del *lebrillo*, ese recipiente de base plana y bordes altos tan común en la arqueología regional. A ese plato se le podía agregar verduras, pan –obviamente–, carnes de todo tipo –ya vimos cómo Juana Manuela mezclaba las blancas y rojas sin tapujos–, condimentos, de todo. Y si no había mucho, con los huesos era suficiente. Hasta en los buenos comercios de hoy se vende la cola de res para hacer caldos, y los huesos del espinazo son habituales para dar sabor al caldo. Y si no, quedaba el viejo truco de echarle más agua a la sopa. Lo interesante es que la costumbre de la sopa se mantuvo por mucho más tiempo que en España; llegó hasta el siglo XX, y algunas madres quizá la prolonguen en el XXI.

Los hallazgos arqueológicos de vajilla concuerdan con esta forma de comer: el lebrillo es el recipiente ideal para guisar sin tapa: es decir, para cocinar sopas de todo tipo o el potaje, el puchero, la olla podrida o como quiera que se lo haya llamado a lo largo del tiempo. Una antigua tradición medieval que llegó a la generación de 1950 en la forma simplificada de una sopa obligatoria en toda comida, lo que causó muchos sinsabores en la infancia de Mafalda, el conocido personaje de historieta, y probablemente en la de Quino, su autor. Porque el "caldito", o consomé para mejor decir, también tiene su historia. El virrey Liniers y su hermano fueron mal vistos cuando instalaron su mítica Fábrica de Pastillas de Carne, que no eran sino lo que hoy conocemos como caldo en cubos. En el siglo XIX se exportaba masivamente a Europa con la denominación de Jugo de Carne. Aún hay quien cree que "da energía" a los niños que lo consumen. Si Liniers hubiera logrado imponerlo, ¡cuántas horas libres le hubieran quedado a las amas de casa de su tiempo!

"Sale con fritas" y lo sobrio en la comida

También las formas de cocinar fueron transformándose lentamente; recordemos algún que otro ejemplo relacionado con las sustancias utilizadas para freír: hasta el siglo XVIII el tocino (panceta) suministraba la grasa de calidad en forma habitual, aunque, a diferencia de España, el cerdo en sí mismo no era comido aquí sino raramente por aquellos que podían optar; para la marinería del siglo XVI fue un manjar exquisito y casi el único acceso posible a la carne roja durante los largos e inacabables viajes, pero para los habitantes urbanos del siglo siguiente el cerdo no era más que un animal despreciable. Sin embargo, el invento europeo del jamón en el siglo XVIII volvió a darle un lugar de privilegio en la dieta ("Los huevos, con jamón, lo demás son tonterías", dice el dicho), previa rigurosa selección de sus partes; las *patitas* constituyeron hasta la década de 1950 una delicadeza, mientras que sólo cincuenta años antes habían sido algo detestable y hoy ya casi no se consumen. Las costillas de cerdo, base alimentaria animal en los Estados Unidos, eran despreciadas en la Europa continental y aquí casi no se las conocía. La manteca de vaca fue también un producto de desarrollo europeo tardío –aquí difundida en el siglo XIX por los escoceses– y sirvió para reemplazar a la grasa de cerdo en las frituras; el aceite, básicamente de oliva, se usaba como condimento y era caro. En sus viajes, Concolorcorvo recomendaba a sus "amados caminantes" que "[previnieran] en su alforja un buen trozo de tocino", para echarlo al hervido, al que "da un gusto más delicioso" y, además, "se aprovechan los trocillos que no se derritieron".[86] Medio siglo más tarde, esto sería considerado nauseabundo por Alcides D'Orbigny, como vimos.

Todo lo dicho sirve para plantear una vez más que los alimentos y sus partes –los cortes de carne, por ejemplo– están culturalmente determinados y su consumo varía notablemente con el tiempo. Gaetano Osculati, en 1834, escribió: "los porteños son sobrios en el comer y en el beber [...]: en el almuerzo comen carne de vaca, ternera, cordero, jamón, tocino y legumbres, todo mezclado en el mismo plato. Después hacen una siesta de tres o cuatro horas".[87] ¡Y eso era lo sobrio! Si bien esta apreciación de Osculati no podría aplicarse a Europa, en especial por el valor que la carne allí tenía, sí es válido comparar su concepto de "sobriedad en el comer" con el expresado por Lord Chesterfield en las cartas a su hijo (cuya traducción al español había sido hecha por Tomás de Iriarte y se publicó aquí sólo un año antes que el libro de Osculati, es decir en 1833): "con una buena taza de sopa y una libra de papas, pasarás la noche sin gran impaciencia de almorzar al día siguiente".[88] ¡Sería interesante saber qué pensaron los habitantes del Río de la Plata de esa dieta!

ALGO SOBRE CONDIMENTOS Y ADEREZOS

El de los condimentos es un mundo entero a explorar, y esto fue literalmente así cuando Colón salió en su busca y se topó con el Nuevo Mundo. De hecho, las especias definieron cómo y qué comer durante mucho tiempo y hasta determinaron formas de vajilla para usarlas: las duplas del salero-pimentero y los recipientes para aceite-vinagre son la herencia de la antigua presencia en la mesa de lo que fuera una gran variedad de utensilios y especias.

Los condimentos y su forma de uso sufrieron bruscos cambios a lo largo de la historia: si a fines del siglo XV Europa salió a buscarlos, en el siglo XVII consideraría que las especias distorsionaban el sabor de las comidas.[89] Se había pasado de usar los condimentos como disfraz de malos olores a aplicarlos con arte al mejoramiento del sabor. Este cambio de finalidad fue producto de la especialización de los cocineros en los cortes, empeñados en lograr alimentos más agradables al paladar. A la carne aún se le agrega, en muchos casos, vinagre y pimienta: ¿para darle sabor? ¿O se trata de un resabio de esa costumbre de disimular el mal olor, ahora innecesaria gracias a la heladera? El vinagre era parte infaltable de la dieta y se consumía en grandes cantidades, en especial remojando la carne vacuna. Los marineros se negaban a abordar sus barcos si la provisión de vinagre no igualaba a la de vino; dos siglos más tarde, el vinagre se vio reducido a la función de condimento que únicamente se usa para dar sabor a ciertas verduras de hoja. El español Félix de Azara observó: "no comen legumbres ni ensaladas diciendo que son pasto y se mofan de los europeos que comen como los caballos y usan el aceite, otra cosa que repugna mucho".[90] Hoy nos parecería un insulto que en un alto del camino nos sirvieran una bebida hecha de "azúcar y vinagre, que sirvieron para refrescarnos":[91] era lo que habitualmente se llamaba el "agrio de naranja" o la "vinagrada" según con qué se hiciera, en especial cuando se aprovechaban las naranjas agrias que hoy se caen de los árboles en las calles de Buenos Aires sin ningún uso posible; sólo recientemente se revalorizó la antigua limonada, aunque en la versión traída por la televisión de Estados Unidos, llena de azúcar.

La familia vecina de Guillermo Enrique Hudson hacía conservas de duraznos que le resultaban a él de un sabor maravilloso; increíble nos parecería ahora saber que se "los colocaba en un barril, se los cubría con vinagre hirviendo y se les ponía un puñado de clavos de olor".[92] Un siglo antes, en 1773, Concolorcorvo recomendaba a los viajeros llevar limones y naranjas en los viajes, ya que "suplen la falta de vinagre que en la mayor parte de los parajes no se encuentra, o es tan amargo que echa a perder los guisados".[93] Hoy las vinagretas son cada vez más raras y reducidas a un par de formas de uso. Otro antipurista en el comer, Manuel Bilbao, escribió:

[el] *refinamiento de los gustos, la variedad de cocinas, el abundante uso de salsas y condimentos, agregado todo eso a la falta de frescura de los artículos de consumo* [...] *es la causa de la infinidad de enfermedades del tubo digestivo que tanto abundan en nuestros días.*[94]

Y para lo dulce, lo mejor era el "agua de panal"; ahora bien ¿quién aceptaría un vaso de agua con un trozo de panal de abeja dentro para endulzarlo?

En la mesa de la ciudad y del campo siempre había ají picante –el que en el resto de América llegó a la actualidad como *chile*–; pero si bien era muy común no era lo único que aderezaba la comida: Hudson contaba que "después del comino, la canela es la especie [*sic*] preferida por el gaucho, y es capaz de cabalgar leguas en su busca".[95] (¿Alguien puede imaginar que el gaucho llevara en su equipaje canela y comino?) El charqui se sazonaba

86

con ají, luego se colocaba a hervir hasta obtener una sopa espesa, según narraba Robert Proctor. Como ya vimos, el charqui en lonjas secadas al sol era de color negro y olor nauseabundo, se lo usaba como alimento para los esclavos, que no tenían más remedio que ingerirlo; no hay que confundirlo con la carne salada que a veces se llevaba envuelta en rollos para comer en los viajes. El tasajo, similar pero guardado en barricas de sal gruesa levantada a paladas en las salinas –sin limpiarla de la tierra e impurezas que traía– tendía a agusanarse y sólo era comestible tras horas de hervor, que le quitaban todo rastro de sabor. Por eso el ají picante era tan necesario, y Ebelot describió bien las tabletas que se hacían con ají colorado molido y mezclado con sal gruesa, "el condimento favorito de los paladares finos de la pampa". Pero a renglón seguido se autocensuraba: "uno se acostumbra, pero si más tarde lo hallara sentado a una mesa en un salón comedor, le provocaría un respingo de horror".

Hasta mediados del siglo XIX, la manteca se servía cubierta de azúcar. La que fabricaban los escoceses en Santa Catalina fue la primera producida en serie en el país y la primera presentada en panes; a diferencia de las caseras, ésta era salada y fue la que finalmente se impuso en el mercado hasta hoy, aunque aún hay niños que comen pan con manteca y azúcar.

POSTRES Y DULCES

Los postres y dulces constituyen otro tema fascinante: sirva de un primer ejemplo la olvidada mazamorra, un producto introducido por los afroargentinos que se hacía con leche y maíz blanco pisado. Según Wilde, el tarro que usaba el vendedor, al sacudir la leche por horas, le daba un sabor muy especial que la hacía mejor que la casera. En realidad, fue reemplazada en el siglo XX por un postre bastante similar: el flan.

En su recopilación de recetas latinoamericanas, Juana Manuela Gorriti incluyó un postre que se destaca por el ingenio con que se anticipa a la heladera y la batidora eléctricas: el *helado de espuma*:

A las cinco de la mañana, llenan de leche, hasta la mitad, dos tarros de lata o de zinc, iguales a los que usan los lecheros. Se les envuelve en cueros de carnero muy empapados en agua fuertemente sazonada con salitre, o a falta de éste, sal; y colocado sobre el lomo de un caballo se le hace trotar una legua, y con el mismo trote se le trae de regreso. La leche –que se habrá tenido cuidado de tapar muy bien, ajustando la cubierta del tarro–, holgada en su recipiente, se sacude como el mar en borrasca, tornándose como él, espuma, que sube, llenando completamente el vacío del tarro, al mismo tiempo que el hielo, apoderándose de ella, acaba por paralizarla. Así cuando después del trote continuado de dos leguas, llega donde se le espera con fuentes hondas, preparadas a recibirle, quitados los tapones, dos cascadas de espuma congelada llenan los recipientes, y sazonadas con azúcar y canela, van a la mesa a deleitar el paladar de los gourmets, únicos catadores dignos de estos deliciosos manjares.[96]

Siguiendo estas instrucciones se obtenía... un excelente helado para desayunar en las frías mañanas de invierno.

El azúcar hoy es fundamental en nuestra dieta, para sufrimiento de los dentistas, pero en tiempos de Colón era una rareza cercana a una droga exótica. América y sus plantaciones gigantescas, en especial el Caribe y Brasil, fueron la primera gran fuente de azúcar blanco para el mundo; se fue haciendo común lentamente desde el siglo XVI en adelante, entrando a formar parte de la vida cotidiana despacio, en especial el azúcar refinado. El que no estaba trabajado, llamado aún entre los pobladores pobres de América latina "azúcar de piloncillo" y que venía en grandes bloques rectangulares, era más común pero más difícil de usar por su dureza. El azúcar de remolacha, de color oscuro, todavía era vendido en la ciudad en la década de 1950 como reemplazo barato de la blanca. Y era la miel, hoy lejana y de uso entre unos pocos fanáticos naturistas, la que había endulzado la vida del mundo durante siglos.

El pescado en grandes cantidades: carnes rojas *versus* carnes blancas

El otro grupo de alimentos que la arqueología ha introducido en la polémica sobre la antigua forma de comer es el pescado: el hallazgo del enorme pozo de basura, ya citado, del antiguo Convento de Santo Domingo, en la calle Balcarce 433, permitió identificar miles de espinas, vértebras y escamas de pescados diversos, planteando así la necesidad de reconsiderar la presencia de estos especímenes en la dieta.

Unas grandes y pesadas carretas de bueyes llegan trayendo el pescado, del que hay gran variedad –escribió el viajero Mac Cann–; *algunos son exquisitos y en general muy baratos. Un pescado de primera calidad, suficiente para alimentar una familia, puede adquirirse a seis peniques porque todos los que no han sido vendidos a cierta hora deben descartarse, y con alguna frecuencia se arrojan pescados en gran cantidad como desperdicios.*[97]

La pesca se llevaba a cabo en las playas frente a la ciudad mediante la técnica de introducirse con una red, a lomo de caballo, hasta que el animal quedara con el agua al cuello. Se desplegaba entonces la red y se regresaba con la captura. En consecuencia, quedaba gran cantidad de pescado abandonado en las orillas, por lo que el viajero Beaumont se quejaba amargamente de "la fetidez de los peces muertos" en las barrancas del Retiro. Por supuesto, no faltaban quienes los aprovechaban, entre ellos el vago descrito por Fray Mocho, quien iba allí porque "siempre se encuentra entre la resaca un sábalo asonsado, una boga con la jeta rota o un bagre atorado en el anzuelo".[98] El conocedor Emeric Vidal enumeró los variados tipos de pescados que se encontraban en los mercados porteños: surubí, dorado, pejerrey, mújil gris, mangrullu, palometa, armado, raya, boga y sargo.[99] Y hasta para comer pescado había técnicas secretas. Lucio Mansilla cuenta que su padre era "diestro en comerlo, como un gato. Yo no lo soy, él almacenaba las espinas chicas en un lado de la boca y después las despedía; yo les tiemblo".[100] Y, a juzgar por las espinas halladas al excavar, el hoy despreciado armado parece haber sido de los más comunes en la mesa.

En el mercado de la ciudad, actual lado Este de la Plaza de Mayo, había una ordenanza vigente que prohibía la venta de pescado después del mediodía, por simples cuestiones de salubridad, especialmente en verano.

Esto hacía que los pescadores tiraran tras la barranca todo lo que no alcanzaban a vender, costumbre que muchos veían con asombro: tirar comida resultaba inimaginable a los ojos de un extranjero. Y también contribuía
al eterno mal olor de los mercados porteños.

"LA BOCA, LUGAR DE LA HISTORIA"

Esta frase, que sin duda es cierta, se la debemos a uno
de primeros que penetró en la relación entre la gastronomía y las formas de ver y pensar la realidad, el filósofo
francés Michel Onfray.[101] Pero ya Jean-Jacques Rousseau
había adelantado algunas ideas, que no por misteriosas ra-
zones han pasado de largo en la historia del comer en la
pampa argentina. Ya nos hemos referido a la forma en que
se construyó en la historiografía nacional la imagen ar-
quetípica del gaucho comedor-de-asado, que, si bien era
en parte cierta, era mucho menos habitual de lo que creemos. Ahora sabemos que para los viajeros europeos –cuyas citas llenan este libro y tantos otros– el comer carne
era una verdadera rareza: un inglés no llegaba a consumir
16 kilos anuales y veía comer aquí a veces hasta 300 kilos.
Los viajeros eligieron llenar páginas con descripciones e ilustraciones de asados y no con la cocina del puchero, pescados, locro de maíz barato o la *olla podrida*
tradicional, porque no eran exóticas ni románticas, que
al final de cuentas era lo que se quería mostrar. Por lo
general, ni siquiera citan que los esclavos comieran y
con respecto a los indígenas, consideraron suficiente re-
petir la simpleza de que únicamente se alimentaban con
carne cruda de yegua, y hasta que tomaban la sangre

aún caliente. ¿Qué creen que comían las tropas nacionales en sus campañas al supuesto "desierto"? Nuestra historia del comer está llena de mitos y malentendidos, ¡como que el gaucho tomaba vino con el asado! La costumbre del asado en la parrilla en la ciudad se introdujo en Buenos Aires en la década de 1920. Y en el siglo XIX se acompañaba la carne con cerveza y ginebra. Pero, como también dijo Onfray, la gastronomía es un arte sin museo, y lo es porque "no hay gastronomía inocente".

Si era necesaria una descripción de época acerca de la visión de nuestra comida que tenían algunos europeos al escribir, la mejor de todas la dejó Guillermo Enrique Hudson, ese maravilloso escritor que captó como nadie la sutilezas de la vida.

> [después] *de haber estado tomando mate y bebiendo caña durante una media hora nos sentamos para dar cuenta de una abundante cena de carne asada, puchero y carnero, servido en grandes platos de un caldo bien sazonado. Comí una cantidad asombrosa de carne, tanta como cualquiera de los gauchos presentes; y el comer de una vez tanta carne como esos hombres es algo que un inglés puede recordar como una hazaña.*[102]

Volviendo a Rousseau: desde el siglo XVIII, el racionalismo había planteado la mítica dicotomía entre pueblos nómades y sedentarios; los primeros –grupo en que se incluirían nuestros gauchos– eran considerados dinámicos, violentos, sanguinarios, salvajes y más que nada, carnívoros; los civilizados, en cambio, eran vegetarianos, pacíficos, sedentarios e intelectuales. ¿No nos trae recuerdos de Echeverría y Sarmiento? Las achuras, lo peor de todo, lo despreciable, eran sólo para esclavos. Para esos pensadores, los carnívoros eran guerreros de nacimiento y cuanto más cruda estaba la carne, más salvajes; en cambio, ¡qué pacíficos debían ser quienes sólo comían vegetales! Aún hoy el ser vegetariano está rodeado de un aura de pacifismo interior obviamente inexistente, que la comida *ligth* de la Nueva Era ha querido retomar. Pero eso no era todo: los nómades eran, por otra parte, simples, sanos y naturales, por lo tanto más inocentes: no tenían culpa sobre su bestialidad, era una herencia ancestral y atávica que los llevaba a eso –¿no nos recuerda al *Facundo*?–. Pero en la ciudad, si nos descuidamos, la comida puede tender a lo artificial, lo malsano y lo complejo, como siempre insistían López y Mansilla: por suerte, al ser más inteligentes es posible darse cuenta de eso y cambiar –¿no nos recuerda a Wilde y Cané, por caso?–. La dicotomía entre unitarios y federales, gauchos y habitantes urbanos, campo y ciudad, que hizo verter la sangre de nuestro país casi durante un siglo, entró de lleno en la visión histórica del comer y la tiñó con sus colores. Muchas veces, cuando leemos, es mejor observar los silencios más que los textos.

Qué es sano, qué es fino, qué es caro, qué está de moda... son construcciones culturales que se hacen y se deshacen, y cuyas múltiples facetas cambian como caleidoscopio a cada vuelta de la historia. Para denigrar al indio se decía que comía la carne cruda por lo poco cocida, y quienes los destruyeron de inmediato impusieron la moda de comerla de esa forma (llamándola "jugosa" en lugar de cruda), y ya nadie más se preocupó por el tema; las pastas, habituales en los almacenes y pulperías porteñas, y en la dieta, desde fines del siglo XVIII, un día pasaron a ser el símbolo despectivo de una imigración que pasó de deseada a no deseada, de ideal a *crudamente* rústica.

TODO CAMBIA...

"Cambia, todo cambia...", como dice la canción, y también cambian las maneras de cocinar y de comer. Los artefactos de cocción fueron evolucionando y requirieron diferentes recipientes y utensilios. A su vez, las ceremonias, tiempos de preparación y cocción debieron adaptarse a esos cambios. De preparar comidas en fogones en el piso, se evolucionó hasta la cocina de leña, en la que se cocinaba de pie. Se trataba de una cocina de mesada en altura con fogones en hornallas, donde se metía la leña por un extremo. El siguiente paso se dio alrededor de 1850, con la cocina de hierro llamada *económica*. En 1902, un manual de economía doméstica explicaba:

Las cocinas económicas de fierro han suplantado al antiguo fogón con rejillas y su pequeño horno de material. La principal economía de tales cocinas está en que con un solo fuego, pueden cocinarse varias comidas a la vez, tener suficiente agua caliente para todas las necesidades de la casa y aun calentar las planchas para la ropa sin almidón, mantener al calor del horno ciertas comidas, ofreciendo la gran ventaja de que sin quitarle fuego se puede regular el calor, poniendo o sacando, según sea necesario, las tapas que cierran las aberturas donde se colocan las vasijas.[103]

Las ollas fabricadas con la antigua y tradicional cerámica guaranítica, de base curva, se aplanaron lentamente pero sin llegar a ser lisas, ya que debían ser aptas para ubicarse entre las brasas y leños del fuego, entre el carbón mismo; en cambio la cocina inglesa de hierro requería también de recipientes de base ligeramente curvada, pero de boca de diámetro grande y abiertos en vez de cerrados, que se amoldaran a los agujeros de hierro de las nuevas cocinas económicas; quizás eso explique la desaparición final del tipo de cerámicas llamado *Buenos Aires Evertido* y la masiva presencia en las excavaciones urbanas de la cerámica caribeña llamada *El Morro*, barata, burda, aunque importada. Las ollas se iban adaptando a la forma de cocinar.

También los modales de mesa cambiaron durante los siglos de la Colonia, y no fue sólo un problema de educación social o de nivel económico; hemos visto en páginas anteriores que un viajero de Estados Unidos veía con asombro, a inicios del siglo XIX, que todos los comensales se lavaran las manos en la misma fuente de plata, ¡pero no le había llamado la atención que hubieran comido con las manos! Un texto sobre las maneras sociales en Austria, en 1624, indicaba que los oficiales del ejército invitados a casa del Archiduque de Alsacia, debían respetar las siguientes normas de conducta: "no llegar medio borracho, no beber después de cada bocado, limpiarse el bigote y la boca después de beber, no chuparse los dedos, no escupir en el plato, no sonarse con el mantel, no beber demasiado".[104] Vicente Quesada instruía a sus lectores pobres del fin del siglo XIX para que se elevaran socialmente: "Observad a los otros y aprenderéis, y sobre todo, no metáis ¡por San Crispín!, el cuchillo en la boca, ¡nunca!, ¡nunca!". Resulta que a la inmigración que habían soñado Sarmiento y Alberdi, ahora había que enseñarle a comer.

Hay muchos documentos que describen los modales de mesa dentro de nuestro medio tanto en grupos socialmente altos como en grupos bajos, y que a ojos de los extranjeros parecían "salvajes"; en realidad, esos mismos modales habían sido bien vistos en sus países de origen sólo un siglo antes. En sus memorias, Xavier Marmier[105] se horroriza porque

> *se dará el caso que una señorita corte con sus dedos un trozo de bizcochuelo con dulce, para ofrecerlo en la mano y sin ninguna ceremonia al visitante. Otra señorita, para cerciorarse de que el té que a uno le han servido tiene bastante azúcar, meterá su cuchara en la taza para probarlo*

y también porque el ama de casa "pincha un bocado escogido de su plato y se lo manda al huésped con la sirvienta, en la punta del tenedor". Otro ilustre conocedor de la cocina de su tiempo y de los modales de mesa chilenos, porteños y de más lejos, Vicente Pérez Rosales, describió hacia 1820 idéntica costumbre, con lujo de detalles y de agregados:

> *la dueña de casa a poco de principiar la comida, buscaba solícita en su propio plato o en el de las aceitunas, un apetitoso bocado, y elevándolo en su propio tenedor se lo ofrecía con gracioso ademán al convidado, quien haciendo con presteza otro tanto con su tenedor, devolvía a la dama la fineza con cortés saludo.[106]*

Y agregó, en una página de sano histrionismo, una descripción de la ceremonia del envío a un amigo, por parte de la dueña de casa, de parte de un guiso que ya

96

estaba en la mesa; los términos que acompañaban dicho evento eran también parte de un ritual del que poco ha quedado en la memoria. De igual manera, llamaba la atención al habitante urbano europeo de 1790 la rutina del gaucho, que "se limpia la boca con el mango del cuchillo y enseguida éste y los dedos en las botas".[107]

En Buenos Aires, los niños eran educados en los modos de socializar con el *Catón Cristiano*, un texto que se imprimió tanto en España como aquí por dos siglos. Plantea normas que hoy nos harían sonreír: "evite cuanto pueda bostezar, escupir, gargagear y esperezarse delante de otro, ni cortará las uñas [...]; no saque cera de los oídos, ni escarbe las narices, ni haga ruidos al sonarse, ni después de limpiarse mire el pañuelo."[108] En relación con la comida, sin embargo, las normas parecen ser menos estrictas, aunque son tan claras como las otras:

Procure antes de sentarse lavarse las manos y limpiarse las narices, porque una vez puesto a la mesa no conviene hacer nada de esto [...], no ensucie los dedos, ni los labios con lo que come [...], no destroce la comida con las manos, parta con el cuchillo lo que hubiere de comer y no más. La sal u otra cosa de comunidad tomará con la punta del cuchillo. La fruta que tiene cáscara la mondará primero y el hueso de ella, o de la carne, no lo roa que es de perros, ni dé golpes para sacar la médula que es de golosos.[109]

Todo era dable de encontrar en una sociedad que estaba marginada del gran mundo de las modas y las nuevas formas de la vida cotidiana, donde la pobreza era mucha y las actitudes conservadoras prevalecían. El resultado fue un marcado eclecticismo que incluía copias y adaptaciones de costumbres europeas y, a veces, elaboración propia. Una comida ofrecida al general Artigas en Paysandú, en 1815, fue descrita como sigue:

> *Un poco de asado de vaca, guiso de carne, pan ordinario y vino servido en una taza por falta de vasos de vidrio; cuatro cucharas de hierro estañadas, sin tenedor ni cuchillos sino los que traía alguno, dos o tres platos de loza, una fuente de peltre cuyos bordes estaban despegados; por asientos tres sillas y la petaca, quedando los demás de pie.*[110]

Según un relato que a muchos puede asombrar, el general San Martín y un agente de los Estados Unidos compartieron en Maipú, en 1818, "un almuerzo campestre dentro de un edificio arreglado al efecto. Entré poco después y los encontré comiendo sin platos y casi todos con una pierna de pavita en una mano y un trozo de pan en la otra".[111]

Los hermanos Robertson, hacia 1815, fueron invitados a comer por el poderoso estanciero Candiotti:

> *Una mesa de pino fue cubierta por un espléndido mantel bordado; la mayor parte de los útiles de comer eran de plata; agua cristalina brillaba en una garrafa de cristal [...] No debéis sin embargo abrigar idea de que estábamos sentados en nada parecido a un comedor inglés. El piso era de barro, y también los muros; la paja del techo era bien visible. Aquí en un rincón estaba mi cama, y allí en otro, desparramados los engorrosos aperos de tres o cuatro caballos [...] No habíamos cambiado cuchillos, platos ni tenedores. Candiotti, su capataz principal y el cura de la capilla vecina comieron del mismo plato [...] Todo a nues-*

tro alrededor, inclusive el sabroso y abundante festín, de-
mostraba que cenábamos con un jefe nómada.[112]

La falta del *comedor inglés* que más arriba destacó
Robertson no debería haber llamado tanto la atención
al portador de una cultura en la cual el comedor, como
sector diferenciado de la casa, sólo se desarrolló después
del siglo XVII y, aquí, después de la Revolución de Mayo o poco más. Llevar cada uno su propio cuchillo
cuando se era invitado fue costumbre en Europa hasta
después del siglo XVI; pero debemos agregar que allí
cada uno debía llevar también su propio vaso... Y comer
la carne sin plato, colocándola sobre una gruesa rebana-
da de pan, fue común en todo Occidente durante siglos,
al menos desde Grecia lo tenemos bien documentado. Y
desterrar los platos de madera fue en Europa un proceso muy lento que duró hasta el siglo XIX en el campo; la
nobleza –en España por ejemplo– sólo los evitó en la
corte desde el siglo XIII. En nuestro medio, aún están
presentes, para servir el asado.

Los cambios que se iban produciendo en el uso y
función de la vajilla de mesa, de cocina y de conserva
eran parte y reflejo de los cambios de la sociedad misma.
Eran transformaciones que afectaban igualmente a los
espacios físicos donde estas acciones se llevaban a cabo, y
el comedor y la cocina han sido testigos de todo tipo de
eventos. Desde su inexistencia como lugares específicos
de una vivienda –cuando el fogón se encontraba en el exterior, en el patio trasero–, hasta una mesa en el *aposento*
o en la *sala*, cuando mucho, hasta hoy en día en que están
dejando de ser nuevamente espacios diferenciados.[113] La
casa colonial urbana era espacialmente muy modesta,

tanto las pobres como las ricas, y Cayastá es el mejor ejemplo estudiado de los siglos XVI y XVII.[114] La mayoría estaba compuesta por una habitación única llamada "cuarto" y, cuando había dinero, tenían adosada la "sala". Si bien la historiografía se ha centrado en la mítica *casa de tres patios*, ya hemos demostrado que, si bien éstas existieron, constituyeron una estricta minoría.[115]

Se ubicaban las viviendas dentro de lotes muy grandes, generalmente de *solar en cuadro*, es decir un cuarto de manzana, sin tocar las medianeras ni la línea municipal. En torno a ellas se llevaban a cabo infinidad de actividades que iban desde lo productivo, lo recreativo y lo social, hasta la tarea de cocinar y muchas veces la de comer. En una ciudad donde el clima permite comer afuera, aunque bajo techo, durante siete u ocho meses del año sin problemas, no tenía mucho sentido hacerlo siempre adentro. La cocina, cuando comenzó a popularizarse como un espacio diferenciado, era un cuarto unido en tira al aposento, formando generalmente un ángulo recto con la construcción mayor. Pero esto fue cambiando cuando después de las Ordenanzas de 1784 se popularizó la costumbre del *zaguán*, debido a la necesidad de tener una fachada completa a la calle sobre la línea municipal para cumplir con la nueva disposición. El comedor como tal surgió hacia 1800-1820 como una diferenciación de la sala única, donde la presencia del estrado hacía difícil la comida en grupo. Durante los dos primeros siglos, la comida en la ciudad era una ceremonia íntima, privada, muy raramente abierta al visitante y en la cual amos y sirvientes compartían muchas veces la mesa, y –con la excepción de algunos alimentos– hasta la comida.

El proceso de segregación social que vivió Europa

occidental durante el siglo XVII tardío y con mayor vigor en el XVIII explica el desarrollo sistemático de la individualización en la mesa. De fuentes, vasos y cuchillos comunes a todos los comensales, se pasó a platos, vasos, servilletas, cubiertos y hasta apoya-panes individuales. Sólo quedaron para uso colectivo los juegos de salero-pimentero y aceitera-vinagrera, pero al turnárselos entre los comensales, estos deben primero apoyarlos sobre la mesa para que luego sean tomados por los otros: nadie se toca, nada se comparte realmente. Para 1900, se consideraba de buen tono que cada comensal tuviera un salero, y se recomendaba: "teniendo cada persona un salero no hay que servirse del vecino".[116]

El inicio de nuevas actividades sociales del siglo XIX, entre ellas el *recibir*, requirió de más mesas para el *convite*, para el *té de las cinco* y para el *café* de los caballeros. No importaba que la milonga popular, hacia 1860, dijera: "Tomá mate, che / tomá mate / que en la tierra del Pampero / no se estila el chocolate". En 1889, el francés Ebelot decía: "más expedito [que el mate] hubiera sido tomar té como un inglés; además viene ya entrando esa costumbre",[117] que aún era tema nuevo entre mucha gente.

En esta línea de pensamiento debemos tener presente que el *hacer el asado* implica hoy en día, y en todo el país, una verdadera ceremonia; no es simplemente *cocinar*, ésa es una tarea femenina y cotidiana: el asado es un trabajo masculino, de fuego, sangre, achuras y afilados cuchillos. Un ritual muy especial, posiblemente menos antiguo de lo que se cree, poco común en las ciudades –casi era exclusivo de quienes andaban en el camino–. Hace poco más de un siglo se le agregó la parrilla horizontal, posiblemente por influencia de la primera inmigración, con el objeto de urbanizar el asado vertical como era la usanza rural. En síntesis, un ritual masculino, de muestra de poder y que poco tiene de auténticamente criollo.[118]

EL PAN NUESTRO DE CADA DÍA...

Parecería que una comida sin pan no es comida, y es cierto, o al menos lo fue durante mucho tiempo. Los griegos desayunaban pan con vinagre... y nuestros paisanos comían pan, en bastante cantidad según lo que vemos en las crónicas de época. Es cierto, en los rincones apartados de la pampa era común la galleta dura, pero también lo era el pan casero.

Para referirnos al pan, debemos primero ponernos de acuerdo acerca de qué estamos hablando. La presencia de lo que se llamaba "pan común" no era rara en el mundo, pero no era lo mismo el *pan blanco* (sin salvado) –ya que en Europa el pan de harina de trigo candeal era un invento reciente, dispersado por el mundo con los ejércitos de Napoleón– que el *pan común*, el que en las actas del Cabildo figura desde 1621 como "semita", con salvado, más o menos oscuro según su calidad. Por mucho tiempo el ahora denominado *pan negro* no fue aceptado masivamente porque se lo asociaba con lo pobre. El viajero Cayetano Osculati escribió que los pobres "tienen carne y agua, sin pan, con una sopa de fideos una vez por semana, lo que demuestra lo valioso del pan mientras que se da carne hasta a los cerdos".[119] Para el extranjero era el mundo del revés; y si bien para él era un giro retórico, atrás de la exageración se vislumbra que el pan "bueno" era caro. No es que fuese desconocido o no se

comiera –por el contrario, era parte de la dieta–, pero según la época podía llegar a ser caro y no siempre bueno.
En los últimos años, la historia económica del agro bonaerense demostró con creces que el pan se producía en
importantes cantidades; y los malabares del Cabildo para
que el precio no aumentara en forma desmedida están
presentes en todas sus actas durante tres siglos.

MOSTRAR LA VAJILLA:
"PERTENECER TIENE SU PRECIO"

Recibir gente en la casa es un invento moderno.
Desde la conquista del territorio hasta fines del siglo
XVIII, las rígidas costumbres españolas impedían algo
tan simple como hacer una fiesta, celebrar, divertirse en
grupo. Había festividades religiosas, celebraciones de
hechos políticos, actos por la muerte de un rey, paradas
militares, pero la casa era un sacrosanto lugar donde nadie entraba si no era familiar; y ni siquiera había un espacio físico determinado para esa función. La llamada
"sala" era eso, un salón donde se hacía todo menos dormir o cocinar, y entre los pobres también se hacían esas
actividades ya que tenían un espacio único. Lentamente
fue surgiendo la idea de ir generando un espacio de recepción separado de los de la vida privada, decorado y
organizado con la función de recibir a otros; sólo después de la Revolución de Mayo comenzó a definirse
otro lugar en la casa, el comedor, destinado a recibir
gente para esa nueva ceremonia social: la mesa para comer en grupo. Las crónicas de inicios del siglo XIX están llenas de anécdotas acerca de la falta de suficiente
número de sillas en las casas, por lo que cuando hacían

una fiesta debían pedirles prestadas a los vecinos las suyas. Las acuarelas de Prilidiano Pueyrredón nos muestran las sillas ubicadas contra las paredes, con el resto del salón vacío, algún cuadro en la pared y una alfombra en el centro. Jamás nadie había soñado que para finales de ese siglo las casas pudientes estarían abarrotadas de mesitas, sofás, sillones, aparadores, escritorios, maceteros, vitrinas, bargueños... Y que los comedores tendrían largas y suntuosas mesas con una docena de sillas en torno, con candelabros o con la luz de gas –maravilla de la primera tecnología hogareña– colgando desde el techo.

Las nuevas modas, como la de las *tertulias, convites* y *cenas*, fueron separando el recibir a los invitados del comer con ellos, el comedor de la recepción, dejando de lado la colonial tradición de tomar mate sentados sobre el estrado o frente a los ventanales a la calle. Recibir requería de un ceremonial apropiado, un horario estricto, utensilios específicos, un ritual de servicio y servidumbre y una vajilla acorde al nivel social según la función específica que debía cumplir: té, mate, café o chocolate no eran la misma cosa. Sólo la loza pudo cumplir con esa exigencia de la burguesía local, gracias a que estaba compuesta por objetos diseñados por la aristocracia europea de un siglo antes con una marcada especificidad para cada elemento de la vajilla. Ahora ya no era lo mismo una sopera que una salsera, o una dulcera que una mostacera. Ya nadie podía confundir una cremera con una vinagrera. El virrey Liniers tenía en 1810 sus "fuentes, platillos, platos, soperas, pocillos, salseras, platicos lecheros, tacitas de café: todo de loza blanca y orilla amarilla".[120] Lo notable de esta descripción es que se ajusta perfectamente a la que encontramos en el material excavado en su casa en Alta Gracia, una loza *Cream-ware* con una hermosa decoración neoclásica.

No todos tenían acceso a esos lujos y por eso la vajilla socialmente prestigiosa pasó del viejo bargueño de madera al nuevo aparador, que nació en realidad como un exhibidor de los lujos hogareños, como si fuera una vidriera interna en la propia casa. Eran muebles diseñados para que el visitante ocasional los viera y supiera que él no estaba invitado a usarlos; pocos eran los pares, pocos los elegidos para disfrutarlos y compartirlos. En la cocina se usaban los platos viejos, los cascados, los ya amarillentos por la grasa. Al excavar en el pozo de basura de la familia Peña, en la casa de la esquina de Defensa y San Lorenzo, llama la atención que el 87,7 por ciento de las cerámicas fueran lozas de mesa, mientras que sólo hubo un 2,1 por ciento de cerámicas simples y modestas para la cocina. Lo opuesto, es decir la falta de vajilla adecuada a los niveles inferiores de la sociedad, lo relató Fray Mocho en 1897 en sus *Memorias de un vigilante*:

> *Oía el canto monótono de la sartén en la que se freían montones de pasteles dorados, espolvoreados con azúcar rubia y llevados de a seis o de a ocho, máximo que podía contener el único plato de loza que había.*[121]

La idea de exhibir era propia del período barroco, y llegó a su máxima expresión en el siglo XVIII, producto de una aristocracia que se había organizado a sí misma sin importarle nada lo que los demás pudieran opinar. En cambio, la burguesía del siglo siguiente se encontrará sumergida en la contradicción ser/parecer, íntimamente relacionada con la ostentación y la representación: así era la casa de campo uruguaya que visitó Auguste de Saint-Hilaire en 1817, donde se expresaban las contradicciones entre lo que la gente era y lo que hubiera querido ser: "La sala donde fui recibido está rodeada de bancos y sillas y en uno de los ángulos hay un gran buffet en forma de armario, cuyas puertas abiertas dejan ver una gran cantidad de fuentes y platos de loza".[122]

En *La vivienda de criollos y extranjeros en el siglo XIX*, Lecuona reflexiona sobre los miembros de una clase social, pero podría haberse referido a la vajilla en los mismos términos. Veamos:

Los roles que ofrecía la representación burguesa eran compartidos por muchos seres; se fue perdiendo la jerarquía de exclusivos que los mismos habían tenido en el antiguo régimen. Cada persona podía estar segura que su función social era cumplida, simultáneamente, por muchas otras.[123]

Por eso había objetos muy aferrados a la tradición aristocratizante, como lo eran las mayólicas y las porcelanas orientales, quizá por su carácter irrepetible, y por mucho tiempo siguieron en el imaginario colectivo asociadas al lujo y al bienestar. En 1817 en Santiago de Chile vemos poner una "larguísima mesa, sobre cuyos manteles de orillas añascadas lucía su valor, junto a los platos y fuentes de plata maciza –que para esto se desenterraron–, la antigua y preciada loza de China".[124] Eso no era nuevo; ya en 1763 el benedictino Antonio Pernetty escribía:

La vajilla era toda de plata maciza, aún cuando había también de porcelana. Un mantel muy corto cubría la mesa y las servilletas eran un poco más pequeñas que los pañuelos medianos, con flecos naturalmente, o para ha-blar correctamente, deshilachadas por los dos extremos.[125]

Y el deseo de exhibir siguió vigente hasta bien entra-do el siglo XX, cuando las nuevas ideas del funcionalismo sistematizaron las formas, empleando nuevos materiales y nuevos objetos de prestigio social; el televisor reemplaza-ría más tarde al aparador. A fines del siglo XIX, la literatu-ra muestra cómo el juego social llegaba ya a las clases me-dias bajas, las que necesitaban lucirse en sus propias mesas familiares. Quilito, el personaje de Carlos María Ocanto, observa que "una fuente que se presenta en la mesa sin adorno es como un comensal en mangas de camisa" y en consecuencia decide irse a comer "al Café de París, con unos amigos".[126] Las diferencias de clases y grupos socia-les en el cocinar, servir y comer se marcaban cada día más desde fines del siglo XVIII; se delimitaban claramente los perfiles de cada uno más allá de su capacidad económica. Tenemos la despectiva visión de Vicente Quesada:

si tomo uno de los muchos tranways y me voy a los arra-bales del sur, puedo trazar la línea geográfica de la mala comida y de la comida criolla. Si voy con el tranway de la calle Cuyo arriba, esta vía es la vía crucis de la comida de los fondines italianos a peso el plato, ¡qué olor! No sé, pero me parece que tienen el olfato sucio. Por precaución pongo siempre gotas de agua de colonia en mi pañuelo. Puede marcarse sobre el plano de la ciudad la línea divisoria en-tre la burguesía antigua refractaria y la sociedad elegan-te, o en otros términos, la modificación en la cocina, los usos y costumbres del hogar criollo.[127]

Es difícil entenderlo a Quesada, más allá de lo que implica su forma de ser. ¿Qué era lo que no le gustaba?: ¿la burguesía antigua y refractaria?, ¿la cocina de los inmigrantes?, ¿la comida criolla?. Además, ¿cuál era la sociedad elegante de la que habla? A Mansilla le hubiera dado un ataque, ya que una generación antes la comida verdadera era la criolla, la tradicional, que se enfrentaba a la primera inmigración; en cambio a Mariquita le hubiera encantado la comida europea de esos mismos años, lo que para Quesada era ya deplorable poco más tarde. ¿Fue todo tan rápido? ¡Qué diferencia entre las formas de servir la mesa y comer de cada grupo social, qué variedad respecto de los siglos XVI y XVII que habíamos descrito antes! Y qué enormes diferencias también entre los distintos grupos étnicos: cuando el afroargentino *high-life* de *La gran aldea* invitó a cenar de trasnoche a su amante –una sirvienta blanca europea recién llegada–, no le ofreció

> *...unas ostras con Souterne, sino unas suculentas costillas de chancho, apoyadas por una copiosa taza de café con leche, con pan y manteca, que sirvieron para corregir la vacuidad incómoda de todos los estómagos, ya sean plebeyos o aristocráticos, que sienten a las tres de la mañana después de una noche de baile.*[128]

Entre el lujo estridente de las clases altas y la simple pobreza de los afroargentinos o europeos inmigrantes pobres del párrafo anterior, estaba esa clase ramplona, mediocre, que quería más de lo que podía. Un hermoso ejemplo de ello fue el que dejó escrito Eugenio Cambaceres en 1869, en su novela *Sin rumbo*, cuando el protagonista va a la cena de celebración del éxito de una función teatral, y se encuentra con que en el departamento privado que la diva ocupaba en el Hotel de La Paz se había extendido una enorme mesa, pero estaban

las cortinas ajadas cubiertas de un blanco sospechoso, las cenefas polvorientas, la luna turbia de los espejos, los candelabros de zinc, los paños de crochet, la alfombra escupida; todo ese tren inconexo y charro de ajuar de hotel, hasta el papel desteñido desprendiéndose de las paredes en las esquinas.

COMER PARADO, COMER SENTADO: POSTURAS Y CLASES SOCIALES

Puede parecer imposible pensar en comer sin mesa ni silla, pero así come la mayor parte de nuestra ciudad todos los días: quienes salen del trabajo a comer un sándwich en el banco de la plaza, los que ingieren una pizza apurados en el mostrador (con tinto o blanco, según apetezca), o un *choripán* de dudosa proveniencia, o parados en un puestito ambulante en la costanera o el puerto, o sentados frente a la computadora... Los chicos degluten toneladas de papas fritas de bolsa y gaseosas enlatadas mientras caminan por la calle; se toma mate en el coche, se desayuna camino al trabajo comprándole a un cafetero ambulante un café y tal vez una medialuna, los albañiles almuerzan sobre un tablón en un andamio de la obra en construcción o apoyados contra la pared del frente, muchos hablamos por teléfono con guturales sonidos provocados por galletitas mal tragadas, o comemos un helado en la plaza. Y en los últimos años se suele escuchar, al hablar por teléfono celular, el chirrido de un mate que ya está vacío. Los camioneros tienen una simple y vulgar garrafa a un lado del volante para calentar el agua del mate, y desde hace un par de años las estaciones de servicio en las rutas han instalado enormes expendedores gratuitos de agua caliente. Aún en los ministerios y edificios públicos deambulan por los pasillos los carritos de facturas y café para los que hacen largas colas o yugan tras un burocrático escritorio. La moda *light* ha reemplazado el almuerzo por un yogur (¿recuerdan cuando era una palabra de género femenino y se escribía complicada: una *yogourt*?). Y por supuesto, hay muchos –demasiados, sin duda– que dejan de comer no por ayuno opcional, es decir para adelgazar, sino simplemente porque no tienen el dinero para hacerlo.

Pero estas variadas formas de comer no son nuevas: ya la pulpería se había contrapuesto al café, y el bar/pizzería de barra (para comer parado o *de dorapa*) al restaurante. Según algunas ilustraciones, las antiguas pulperías, rurales o urbanas, no tenían mesas ni sillas, a lo sumo algún banco o unos barriles que oficiaban de asiento; se bebía, se guitarreaba, se peleaba, se socializaba en un espacio en común en que todos usaban todo, tanto el lugar como los vasos. El café, en cambio, significó la mesa con sillas propias, exclusivas de quien se sentara primero, incluso si una persona ocupaba una mesa de varios lugares, nadie más podía usar esos espacios, y esa modalidad sigue vigente hoy día. El restaurante implicaba lo mismo: una nueva forma de apropiación y uso del espacio que llegó a su máxima expresión con los tiempos de Rivadavia. Era la nueva sociabilidad de las clases altas enfrentándose a la extraversión de los grupos bajos que, desde la Independencia, podían entrar en cualquier lugar quebrando las viejas barreras sociales. Hasta que se descubrió que en realidad sólo podían ir a donde pudieran pagar, así que los cafés de inmediato se fueron elitizando con decorados caros y hasta de lujo (espejos, revestimientos de madera, patios techados, mesitas de mármol), hasta llegar a ser accesibles sólo a una selecta minoría. Las elites fabricaron rápidamente nuevos lugares de intercambio: el Club del Progreso y sus famosas cenas y bailes, las cenas con brindis de los caballeros sin damas, las reuniones en las casas, las tertulias literarias y musicales, invitar a los amigos *decentes* a cenar y a las primeras fiestas para celebrar acontecimientos íntimos. El pueblo, en cambio, ocupaba los espacios públicos y se expresaba con una libertad antes impensada. Ahí fue cuando nacieron las celebraciones privadas de cumpleaños, casamientos, adolescencia (las fiestas "de quince"), aniversarios de todo tipo.

En la pulpería, los clientes ingerían sus tragos de pie, recostados en la barra, en la pared o hasta en el piso; hablando con uno o varios a la vez y no hacía falta más que una botella o a veces un vaso; era algo más parecido al *pub* inglés que a un bar actual. La gente entraba y salía, compraba otras mercaderías, dejaba el caballo en la puerta y se tomaba "la del estribo" ya montado en su cabalgadura. Esta diferencia entre tener o no tener un lugar específico donde comer y beber se transformó en una diferencia de clases: no es lo mismo quien bebe un vino (un *tinto*, diríamos) de pie en un bar modesto, que quien se sienta en un cómodo sillón de bar para saborear un *trago largo*; esa diferencia social existía antes y existe ahora. Y no se crea que incluso después de la liberación de los esclavos no había racismo; el mismo Wilde se sintió obligado a aclarar que el propietario del Hotel de Smith, buen sitio donde comer bifes, era negro, cosa que evidentemente sus lectores tenían que saber antes de entrar.

Comer y cocinar en la calle es otro tema: nuestra generación sólo lo ha visto en los obreros de la construcción con sus ya desaparecidos asados, y ahora en los barrios con los mismos trabajadores pero con un sándwich y una gaseosa; porque se ha cambiado del vino a la bebida dulce por influencia de la publicidad. No por precio, ya que el vino barato y las gaseosas mantienen sus precios iguales precisamente por la competencia. Pero no fue así siempre y quien viaje a la zona andina o al resto del continente verá una enorme cantidad de personas comiendo lo cocinado en la calle diariamente, y no sólo la población indígena: los turistas, los oficinistas y los trabajadores lo hacen. En Buenos Aires los *huecos* –nombre habitual hasta el siglo XIX de lo que serían las futuras plazas– eran sitios en que se reunían las carretas y los carreteros, donde los jinetes de paso acampaban día y noche, donde se vendía, compraba, socializaba, intercambiaba de todo en forma de trueque. Durante el siglo XIX hubo reiteradas quejas por la música y por las reuniones nocturnas en estos espacios no controlados, donde la presencia de afroporteñas y gauchos era tomada como un insulto a la moral estricta imperante. En los grabados vemos fogatas, mate, guitarras, taba, caballos sueltos, carne asándose o en su olla... vida cotidiana de pueblo en plena ciudad. Todo esto transcurría directamente sobre el piso, como mucho podía haber un rústico cuero, un tronco o una cabeza de buey por todo mobiliario.

Las ilustraciones de Vidal, fechadas en 1819, muestran el mercado de la ciudad que estaba ubicado detrás de la Recova, donde se compraba y vendía entre el barro, los pescados muertos, el ganado suelto, las carretas y las vendedoras sentadas en el piso. Casi podemos sentir, con un poco de imaginación, el olor de la bosta, el barro hecho con sangre, los animales muertos y la comida podrida que quedaba de un día al otro en un lugar donde la higiene no existía: nadie limpiaba y, por otra parte, como no existían los baños públicos, se recurría a los rincones o, como alguien relató, al foso del fuerte. Fue precisamente éste el argumento esgrimido por las autoridades municipales, primero, para sacar el mercado de allí y luego, para demoler la Recova misma. Es cierto que eso coincidía con una nueva visión del control social de los tiempos de Rivadavia, el primer higienismo y la necesidad de la elites de manejar esos desbordes populares creando los nuevos mercados cerrados con puestos, e impuestos, fijos.

La plaza Constitución fue la terminal de carretas hasta bastante después de instalada la primera estación de ferrocarril, y el último rincón del centro urbano donde se logró mantener esa forma de vida hasta casi fines del siglo XIX. Fue entonces cuando se acabó con las *bandolas*, los puestos hechos de palos y telas donde las que vendían eran precisamente *bandoleras*, de allí el nombre. Las actuales ferias artesanales son, en última instancia, las últimas bandolas que se arman y desarman en los espacios públicos de la ciudad.

DE COPAS, VASOS Y BOTELLAS

En páginas anteriores hablamos de la mesa y sus modales, de los cambios ocurridos en las formas de servir, cocinar y comer, y de la vajilla utilizada para cada paso de ese ceremonial. La vajilla cambió, de eso no hay

duda, pero no sólo los platos y ollas sino muy especialmente las botellas y vasos, y en general todo lo que hoy
es aún de vidrio. Ésta es una muy sucinta historia de
esos artefactos.

En el siglo XVI, cuando se fundó Buenos Aires, el
vidrio era una verdadera rareza, una curiosidad digna de
ricos y famosos. No por lo complejo de su manufactura,
sino por lo frágil que era y lo caro de los productos necesarios para hacerlo; no era oro, pero era un lujo. Pese
a ser una antiquísima tradición del Mediterráneo que va
hacia atrás en el tiempo, quizás hasta antes de los feni-
cios, las formas de producirlo no habían cambiado casi
nada; se fundía la mezcla, se retiraba un poco de ella con
un puntero hueco, se la soplaba y daba forma, y se deco-
raba como se pudiera o quisiera. Así siguió hasta los inicios del siglo XIX en que la Revolución Industrial ven-
dría a modificar todo el proceso y abaratar los costos.

Si bien hubo algún fabricante en nuestro territorio
en el siglo XVI, en Buenos Aires no se fabricó vidrio casi
hasta fines del siglo XIX; así, la célebre frase de Mariano
Moreno, "la Independencia no es soplar y hacer botellas", no se refería a nuestro país, aquí nadie lo hacía. La
documentación histórica reconfirma esta rareza, en especial por la ausencia del vidrio en los inventarios domésticos salvo para los grupos sociales más altos. La más
antigua referencia la dejó el escribano que inventarió los
bienes requisados al mercader León Pancaldo, llegado
trágicamente a la primera Buenos Aires en 1538. Pancaldo traía para vender cinco cajas que contenían noventa
"pieças de vidrio", otras similares "de vidrio esmaltado y
blanco", cuarenta "esmaltadas de bermejo" (rojo) y ciento treinta "taças de ampollas".[129] Con eso se inició la his-

toria del vidrio en la ciudad. Con los años, las botellas seguirían llegando en forma más o menos habitual.

El tipo común español era de base cuadrada, paredes verticales paralelas, altas y con un pico pequeño de borde evertido (saliente) y plano. Era muy común que el cierre se resolviera con una pieza de estaño que envolvía al pico y al cual se le colocaba otra en forma de tornillo como tapón –el corcho ni siquiera había sido inventado, no había necesidad–. Las botellas más simples resolvían el cierre con una tela atada cubierta de grasa, cera o madera blanda. Los colores del vidrio eran el verde claro, aguamarina, verde-celeste, ámbar y –más raro– blanco leche. Algunas –muy pocas– estaban decoradas en su superficie, sea en dorado a la hoja o con vidrio fundido chorreado en diversos colores formando figuras o motivos florales; de eso hablaba Pancaldo. Estas botellas, si bien de base cuadrada, nada tenían que ver con sus sucesoras –provenientes del Norte europeo– del tipo asociado con la ginebra y llamadas en el campo *limetas* (con paredes que se ensanchan hacia arriba) aunque pudieran parecerse a ellas;[130] por lo general eran dos y tres veces más grandes. Pueden ser reconocidas también por su composición irregular en la pasta, gran cantidad de burbujas, y paredes que al tacto se sienten desparejas; en forma general fueron mejorando con los avances de la técnica. Un indicio de que son más modernas es que la pasta haya sido mejor mezclada.

Dada la rareza de las botellas, muchas veces llamadas también *frascos*, implicaba otro artefacto conexo: las *frasqueras*. Eran cajas de madera con divisiones internas, forradas en tela, que permitían largos viajes por mar y tierra evitando roturas. Un aviso del *Correo de Comercio* del año 1810 informaba de la llegada para la venta de

"470 frasqueras vacías", lo que denota que eran, además de necesarias, habituales.

La botella de cuerpo cilíndrico, tan común hoy en día, es un invento relativamente moderno; fue surgiendo en Europa central durante el siglo XVII tardío al tratar de acelerar los métodos de manufactura: simplemente el cuerpo era soplado sin necesidad de hacerlo dentro de un molde –que producía rupturas– o aplastando las paredes con una paleta de madera. El resultado fue una botella de cuerpo acebollado, baja, globular y gorda, que hoy nos parecería casi absurda. Para el siglo XVIII eran comunes en todo el mundo. Eran de color verde oscuro, el más simple, barato y natural del vidrio.

Se acercaban las botellas modernas. El paso siguiente fue dado con la Revolución Industrial: se pasó rápidamente hacia la botella de cuerpo cilíndrico, tamaño estandarizado y pico reforzado –para entonces ya se había inventado el corcho–, aunque hasta mediados del siglo XIX la proporción sería distinta de la actual, siendo el cuerpo más bajo y ancho, y el cuello, más largo, y generalmente con un ensanche por arriba del hombro.

En la bibliografía arqueológica existente y accesible se ha mostrado con detalle este proceso de cambio y su historia, tan extenso y complejo que resulta imposible entrar en detalles; lo que nos interesa aquí es saber que lentamente se fue definiendo, desde ese origen, la botella de vino actual y sus variantes para vino blanco y sidra/champán. A partir de que Inglaterra levantó el impuesto a la producción de vidrio en 1845, cesó casi abruptamente el uso de envases de gres, y la industria del nuevo material creció en forma acelerada. El molde Ricketts, inventado en 1821, permitió producir en moldes de metal en dos

116

partes e incluyendo letras en relieve; el molde de tres partes surgió en 1870, nueve años después aparecieron las
primeras botellas sin costuras a los lados, que se difundieron hacia 1900 junto con la tapa tipo *corona*, de metal, para bebidas carbonatadas. Por más información sobre el
fechado de envases según los cambios tecnológicos y de
forma, se puede consultar la bibliografía citada.[131]

En la mesa colonial, la botella fue un objeto muy raro, incluso hasta después de mediados del siglo XIX, y al
igual que los vasos, circulaba entre los comensales y era
rellenada una y otra vez. Jamás se descartaba una botella, a menos que se rompiera o que realmente el lujo
fuera inmenso. Las crónicas de época refieren cómo las
casas de la ciudad enviaban al almacén a la servidumbre
con la botella vacía, para que se la rellenaran con el vino
que pedían según la ocasión o la calidad de los invitados
que hubiere. El concepto de envase *descartable* es realmente muy reciente.

La producción industrial y el consiguiente abarata-
miento de los costos hizo que los usuarios de las botellas
comenzaran a descuidarlas e incluso a romperlas: en pozos de basura excavados en la ciudad y correspondientes
al siglo XIX se hallaron miles de fragmentos de vidrio de
botellas de vino. Pero investigaciones de sitios más antiguos no arrojan resultados similares, salvo un caso digno
de ser narrado: en un pozo de basura en la calle Moreno 350 se halló un centenar de fragmentos que pertenecieron a unas pocas botellas fechadas para 1630-1650; sin
embargo, habían sido rotas para quitarles las tapas de estaño, que tal vez debieron valer aun más que el vidrio.
Valga como ejemplo opuesto el pozo que contenía la basura dejada por los obreros que construyeron el edificio

en 1848/50 en Balcarce 433, donde hallamos ¡cerca de 1700 fragmentos!: había llegado la Revolución Industrial.

No era diferente de lo que escribió Alcides D'Orbigny en 1839 cuando fue al fuerte de Cruz de Guerra a levantar el plano topográfico y ubicó el lugar donde habían acampado antes por "algunos fragmentos de botellas de Burdeos que lo rodeaban, [lo que] probaba a la vez, que otros cristianos frecuentaron antes esos lugares y que estaban mejor aprovisionados que nosotros".[132] A comienzos del siglo XIX, las botellas se importaban también vacías, en *El Argos* hay avisos que las ofrecen a 3 reales, y aun diferenciaban los licores que venían en frascos de los que estaban envasados en botellas. Al respecto, el joven y curioso D'Orbigny opinó con más crudeza; al hacer un recuento de negocios en Buenos Aires indicó que había 465 "minoristas de bebidas" y sólo cinco panaderos, para concluir: "¿qué decir de una ciudad donde la totalidad de obreros, empresarios y fabricantes de toda clase no iguala [en cantidad] a los comerciantes de vino?".[133]

Un anónimo viajero inglés a Buenos Aires hacia 1820-1825 escribió que "la botella de cerveza cuesta cuatro reales" y que "la cerveza es un lujo";[134] lejos estaba de imaginar que una generación más tarde, en 1858, se establecería el primer fabricante local y se iniciaría una producción de tal volumen que, para 1870, en la ciudad se consumía más cerveza que vino, llegando a la actualidad a proporciones bastante similares entre ambas bebidas. Lo que produjo este aumento en el consumo fue la gradual desaparición de la ginebra, o al menos el hecho de que su consumo se redujo a los grupos sociales más bajos, junto con la caña –para el campo– y el aguardiente, que quedó para los negros esclavizados.

Las botellas de cerveza fueron de gres hasta que surgieron las primeras de vidrio hacia 1890-1895 –las del color amarillento que aún perdura–, y se impusieron con la sustitución de importaciones en 1916.

Los vasos fueron aun más raros ya que, además de ser menos necesarios, se rompían fácilmente. De allí que cuando, en el siglo XIX, la industria logró fabricarlos en moldes, se pusieran de moda unos vasos llamados "culones", porque tenían una base muy gruesa –exagerada en algunos casos– y paredes irrompibles. También se los llamaba *de pulpería* porque podían ser arrojados al piso una y otra vez sin romperse. Quizás eran ésos los que recordaría Conrado Nalé Roxlo hacia 1910: "el fondo de los vasos... ¡ay, rotos hace tantos años!... para la ginebra buena y barata de los boliches de mi pueblo y de mi infancia".[135] Pero el vaso colonial se caracterizaba por la marca del soplado en la base, paredes irregulares y con burbujas; a veces eran "de ondas" e incluso alguno tenía pintura de color sobre su superficie; los había de vidrio común y de cristal, más caros, por supuesto. Había vasos de todos los tamaños, pero eran comunes los muy grandes, de uso colectivo, que hoy parecerían floreros o sólo adecuados para cerveza. Pero para ese producto hubo hasta 1950 unos vasos especiales –además del porrón característico– que tenían la base más ancha que los comunes. Los vasos decorados por tallado aparecieron a fines del siglo XVIII; el diario *El Argos* del 8 de mayo de 1824 anunciaba:

El taller del lapidario tallista sobre cristales que estaba en la calle Potosí, casa de Don José M. Coronel, se ha mudado a la calle de la Biblioteca Nº 142, pasada la Plaza del Mercado, yendo por Montserrat.

Es interesante observar que los motivos habituales se hacían en los bordes en forma de chinescos, haciendo juego con las lozas de Triana y las porcelanas chinas –de las cuales se copian, en realidad–, aunque los hubo con toda la superficie ornamentada. Al menos, en el pozo de basura de la Casa Ezcurra (Alsina 455) hallamos un vaso soplado en molde y pintado con dorado a la hoja y, en Michelángelo, uno fabricado por mecanismos industriales a inicios del siglo XIX, también pintado en oro. ¿Podemos imaginar alguien en la Buenos Aires del siglo XIX bebiendo de vasos cubiertos de oro? Algunos vidrios excavados en la casa Ezcurra parecen provenir de Bohemia, aunque su decoración amolada debe haber sido realizada en España a mediados del siglo XVIII. De todos modos, el común usaba –cuando los usaba– los ya descritos vasos simples.

Las copas, por supuesto, eran un verdadero lujo al menos hasta finales del siglo XIX. Aparecieron por estas tierras en el siglo XVIII y se difundieron luego de que se desarrolló un sistema de manufactura que consistía en fabricar cada parte por separado y luego unirlas en caliente, lo que las abarató notablemente. En el siglo XIX ya habían comenzado a verse en las casas menos aristocráticas las copas finas decoradas con amolados florales, de guirnaldas o hasta con escenas de todo tipo; de todos modos, siguieron siendo poco comunes por su fragilidad y por la forma de beber que implicaban. En nuestro medio se difundieron con los nuevos modales de mesa, es decir con la asignación de una vajilla y de un espacio en la mesa diferenciados para cada comensal. Los datos históricos recopilados de inventarios de fines del siglo XVIII e inicios del XIX parecen coincidir con esta visión, ya que la cantidad de copas no es muy diferente de la de vasos entre los grupos sociales elevados. La excavación de la casa Ezcurra, por ejemplo, mostró que entre 1801 y 1820 aproximadamente no había en la basura ni una sola copa y sí, en cambio, muchos vasos; por su parte, la familia Peña entre 1840 y 1890 tenía 67 copas y 137 vasos. En todas las excavaciones de Cayasá (1573-1650) no hay una sola copa y son mínimos los fragmentos de posibles vasos, y esto es para toda una ciudad colonial temprana.

Pero el cocinar, guardar y servir requería cada día productos más especializados, y las damajuanas son un ejemplo: en realidad fueron en origen simples botellas grandes, hoy son diferentes de las botellas porque éstas evolucionaron de forma y las damajuanas no lo hicieron tanto, su forma sigue siendo tan petisa y gorda como a mediados del siglo XIX. También hubo botellones de todo tipo, y frascos para conservas de mil tamaños, colores y formas, aunque estos se hicieron habituales en las despensas al reemplazar a la cerámicas hace sólo un siglo. Las jarras también se fueron haciendo comunes junto con el refinamiento de los modales de mesa, y aparecieron las de agua y las de vino cuando dejar botellas sobre la mesa pasó a ser de mal gusto. Más tarde, casi a fines del siglo XIX, surgieron los botellones para las bebidas alcohólicas y el agua en el dormitorio, con sus grandes tapones tallados.

Otro tipo de botellas que se hizo habitual en los hogares fueron los refrescos, carbonatados o no (es decir, con y sin gas). La industria de los refrescos ya estaba en auge en el siglo XVIII, con las famosas aguas provenientes de Seltz y otros balnearios y fuentes europeas, y así lo dejo escrito Concolorcorvo. Don Manuel de Basavilbaso se quejaba de la falta de buena agua en la ciudad, a lo que Concolorvovo replicó que era mejor

> *No entrar en cuenta de los crecidos gastos que las aguas compuestas y exquisitos dulces que hay en las botellerías, que provocan a las damas más melindrosas y alivian de peso a las faltriqueras del mayor tacaño.*[136]

Recordemos que la faltriquera era el pequeño bolsillo que traían los chalecos de hombre para colocar relojes de cadena y monedas, heredado por muchos pantalones masculinos como el pequeño bolsillito bajo el cinturón, del lado derecho, por algunos usado para el llavero.

No reseñaremos aquí en su totalidad la larga historia de la forma de los envases, pero nos detendremos en el curioso hecho de que las botellas más antiguas fueron de forma oblonga, ya que al no tener base se las mantenía acostadas, con el corcho mojado para evitar pérdidas del gas. Sólo se las dejó de hacer hacia 1900/1910 y la pequeña Coca-Cola más antigua, con forma abultada abajo, es herencia de esa tradición del diseño de envases.

¿DÓNDE GUARDAR EL AGUA?
ACERCA DE BOTIJAS, TINAJAS Y PIPAS

El agua de la vivienda tenía tres orígenes:

- La del río, que traían los aguateros. Tenía tanto limo que había que hacerla decantar durante días antes de consumirla, a veces desagradable al sabor.

122

- La que provenía del "pozo de balde". El balde descendía sólo hasta la primera napa subterránea, por lo cual esta agua tenía gusto salobre, era olorosa y por cierto muy contaminada.
- La de lluvia. La recogía el aljibe, que tenía un contenedor –o cisterna– construido bajo el piso del patio a donde iban las aguas de lluvia de las terrazas mediante caños de hojalata y/o albañales. Otra forma de recoger el agua de lluvia era colocando grandes tinajas bajo los aleros del patio.

Ésas eran las posibilidades, y a ellas había que adaptarse en verano o invierno, incluso en la estación seca. La vida cotidiana se organizaba como se podía alrededor del aprovisionamiento de agua: si los muy ricos tenían aljibes, los pobres juntaban en tinajas de barro; si los ricos se bañaban en tinas (cuando lo hacían) que se llenaban con ollas de agua caliente, los pobres iban al río, o no iban.

Para todo el movimiento de líquidos había tres tipos de recipientes cerámicos, además de las botas de cuero o los barriles de madera, menos duraderos: las botas, porque se deterioraban rápidamente; los barriles, porque casi hasta el siglo XVIII tardío se los importaba y eran por ende muy caros; además, hasta que se empezaron a usar flejes de hierro para ajustarlos, era normal que perdieran por las uniones. Lo más común eran las *botijas*: recipientes de forma ahusada, más o menos redondeada según la época, con una boca muy pequeña y sin base de apoyo; su nombre habitual y el que le ha quedado en arqueología es el de *botija de aceite*, ya que ésa era la función que cumplían cuando eran envasadas en su Sevilla de origen.[137] En cada casa había varias, y en ellas se importaba la mayor cantidad de productos líquidos o fluidos de todo tipo. Su peculiar forma ahusada tenía el objetivo de que el corcho o el cierre no se secara, para lo cual se las mantenía siempre acostadas. Se originaron en Fenicia y fueron comunes en todo el Mediterraneo por siglos y siglos. Tan comunes y difundidas eran que algunos documentos indican que se llegaron a importar 7000 botijas de aceitunas de una sola vez;[138] los cuadros de inicios del siglo XIX las muestran en las pulperías apoyadas en bases de paja para mantenerlas paradas, o colgando de las alforjas de los lecheros urbanos. Mariquita Sánchez escribía en 1844: "si pudieras agregar una botija de aceite español, pero limpio, para la lámpara, sería cosa que agradecería";[139] Wilde describía a los lecheros con "dos, tres o cuatro tarros de desigual hechura y tamaño, y tal vez una o dos botijuelas que habían, en sus mejores días, contenido aceite sevillano, con tapas de trapos no siempre aseados".[140] Los tarros de metal de forma ahusada, para leche, tan comunes en el siglo XIX, fueron, precisamente, herederos de la forma de las botijas sevillanas. Aparecen en documentos desde el siglo XVI, generalmente su capacidad estandarizada era de dos arrobas, por lo que servían como unidad de medida en negocios e importaciones.

Las tinajas o *pipas* eran, en cambio, enormes recipientes de cerámica que llegaron a medir más de un metro de alto y otro tanto de ancho. De enorme peso, servían como contenedores de agua, para transportar vino –las más altas y estrechas–, y hasta para que los chicos se escondieran en ellas en sus travesuras en el patio de la casa; llegaban a contener 500 y en algunas ocasiones hasta 1000 litros, aunque una *pipa*, como medida estándar, equivalía a 70 litros. Las hubo importadas y nacionales;

en cada ciudad que las fabricaba –Córdoba, Catamarca, Santa Fe o Mendoza– adquirieron características peculiares: vidriados interiores de colores diferentes, tamaños y bocas distintas. Desde fines del siglo XVII en Buenos Aires tenemos descripciones que nos hablan de sótanos que, por ejemplo, tienen "dos cuartos con cinco tinajas bodegueras [...] trece botijas mendocinas, dos jarras vidriadas, dos tinajas del Paraguay"[141] como parte del equipamiento de una importante casa particular. Un siglo más tarde, el curioso Concolorcorvo explicaba: "las aguas del río son turbias, pero reposadas en unos tinajones grandes de barro, que usan comúnmente, se clarifican y son excelentes aunque se guarden muchos días".[142] Estas grandes tinajas tenían muchas veces tapas también de cerámica con una manija y un agujero para pasar un cucharón, o para revolver cuando se las usaba para preparar chicha. En el siglo XIX, su uso se hizo un poco más sofisticado, como relata Woodbine Parish: "para mi propio uso ponía un pedazo de alumbre en las tinajas de agua con lo que pronto se clarifica",[143] mientras que Samuel Haigh insistía en que el agua del río era "abominable, pero póngasela un par de días en un sitio fresco, dentro de una jarra de barro poroso y déjela asentar, y entonces beberá la más deliciosa y apetitosa de las bebidas imaginables".[144] ¿Le gustaba exagerar o tenía mucha sed?

En esta misma tradición criolla de fabricar recipientes contenedores y vajilla local en cerámica simple, hubo tazas, tinajas chicas, jarras, ollas y otros objetos, pero en la ciudad fueron muy poco habituales incluso en los sectores bajos. Salvo cuando no había otro producto importado que salvara la función, se las fabricó aquí o se recurrió a productos manufacturados en la región como es el caso de las tinajas y pipas; lo habitual, desde los tiempos tempranos, fue recurrir a lo importado y ése es un rasgo cultural que cruza intacto toda la historia de la ciudad.[145]

USOS Y RE-USOS NO TRADICIONALES DE LA VAJILLA

Si, como ya vimos, analizar objetos fuera de su contexto es problemático, ahora pasaremos a otra etapa aun más compleja: tratar de penetrar, desde la documentación histórica y algunos contextos arqueológicos conocidos, en los múltiples usos que una cultura puede darle a un objeto. En realidad, en este análisis no importa cuál haya sido el objetivo inicial para el cual el objeto fue producido, ya que los mismos elementos cambian de función o de formas de uso con el cambio de grupo étnico o social, al pasar de un territorio a otro o con simples cambios temporales, por no hablar del surgimiento de nuevas necesidades para las cuales no hay objetos específicos que puedan satisfacerlas. Cuando esto se produce en una cultura globalizada que recibe productos de otros continentes, creados por pueblos lejanos en cultura y geografía, los resultados pueden ser asombrosos –y al decir "cultura globalizada" no me estoy refiriendo al siglo XX, sino al XVI, un período histórico en que las locales se integraron, por las buenas o por las malas, en una estructura de mercado transregional–: así, por ejemplo, durante las campañas militares, el comandante Prado usaba un porrón de ginebra importado de Rotterdam para... planchar.[146] Aún en casos de emergencia se plancha con una botella común de vidrio, pero caliente.

Una salsera tiene el borde evertido y caído hacia abajo, forma ovalada, base de apoyo amplia y una manija para verter; en cambio una dulcera –para mermeladas– es circular pero también de base amplia y sus bordes son volcados ligeramente hacia adentro, para poder limpiar el sobrante que queda en la cuchara antes de servir. Son objetos diseñados pensando en una utilidad determinada, pero esto no impide que se les dé un uso que sus creadores nunca imaginaron. Así, el lenguaje popular metaforiza la pelea doméstica con la frase "se tiraban hasta los platos", porque en la elección de objetos arrojadizos, sin duda los platos han ocupado una posición de privilegio en las guerras maritales. En este sentido, es de destacar lo que un personaje de un cuento que el prolífico Fray Mocho escribió a fines del siglo XIX le decía a su esposa: "No me tires con la tapa de la tinaja",[147] aludiendo a un uso no habitual de un objeto que sin duda debía ser incómodo para andar arrojándolo de un lado a otro: ¡ninguna de las tapas de tinajas que hemos hallado en las excavaciones pesa menos de dos kilos!

Existen muchas formas de usar los recipientes de cerámica de mesa y cocina. La arqueología se ha centrado, por lo general, en la anticuada división entre *vajilla* y *contenedores*; pero para analizar otros usos diferentes podemos comenzar con los ornamentales, tan importantes desde el siglo XVIII.[148] Existen dos tipos de objetos usados con fines ornamentales: los fabricados *ad hoc*, como los floreros, y los que fueron resemantizados localmente, es decir, que los nuevos usuarios le asignaban un sentido nuevo, independiente del original, como es el caso de los juegos de porcelana: ya hemos visto cómo los retratos de la primera mitad del siglo XIX muestran simples tazas francesas como objetos decorativos. Una situación intermedia es la de las fruteras o incluso soperas que pasaron a ser *centros de mesa* en casas locales. Eran símbolo de estatus porque tales objetos venían de ultramar –palabra típica de la época–, y no importaba cargarlas de otros significados. Hemos visto con anterioridad que en casas humildes, el porrón de gres, habitualmente con ginebra, servía como adorno que se ubicaba sobre la mesa familiar, cuando no como salero gigante. Todavía a inicios del siglo XX, las tinajas fabricadas habitualmente en Francia para agua eran aquí usadas como macetas para palmeras y helechos, o simplemente se las dejaba vacías como adornos en patios y jardines. Este fenómeno, de concepción netamente barroca, ha sido bien analizado en la bibliografía europea.[149] En nuestras excavaciones en Buenos Aires hemos encontrado platos recortados para colocar sobre el fuego, soperas transformadas en bacías para afeitarse, bacinicas con su agujero en la base que pasaron a ser macetas, entre otras muchas variantes.

Algunos descubrimientos han abierto vías de investigación muy prometedoras. Natacha Seseña, por ejemplo, en sus estudios cerámicos ha mostrado la curiosa costumbre existente entre la nobleza española de *comer* cerámica. En el cuadro *Las Meninas*, de Velázquez, la Infanta recibe de manos de una sierva un cacharro de barro. Se sabe que ese recipiente, lleno de agua con flores por un tiempo, era luego roto y masticado.[150] Este tema nos toca de cerca ya que en la Argentina, más precisamente en San Juan y Mendoza, tenemos cerámicas *comestibles* provenientes de Talagante, en Chile, fabricadas por las monjas clarisas. Se trataba

Fragmentos de platos hechos por indígenas guaraníes en los finales
del siglo XVI, imitando formas y decoraciones europeas del tipo
llamado *Monocromo Rojo* pulido y pintado (archivo CAU).

Fragmentos de las ollas más antiguas de Buenos Aires: los indígenas
continuaron fabricando sus cerámicas en la tradición prehispánica.
Hallados en la excavación de Alsina 455 y fechados para finales
del siglo XVI (archivo CAU).

El típico plato de mesa español hecho por indígenas en los inicios
del siglo XVII: chico, redondeado, sin base, en *Monocromo Rojo*
pintado (Museo de Cayastá).

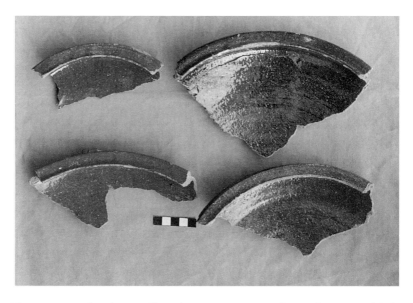

Fragmentos de platos-ollas planos y con poca base, de uso múltiple,
para los sectores más pobres de la población, de tipo *El Morro*,
importados del Caribe en el siglo XVIII, hallados
en Balcarce 433 (archivo CAU).

Plato de Talavera de la Reina, con su tradicional esmalte blanco
pintado en azul, típico de la primera mitad del siglo XVII
(Museo Larreta).

Plato de Talavera con decoración tricolor y escudo de armas:
el lujo de unos pocos en el siglo XVII (Museo Larreta).

Fragmentos de un hermoso plato de Talavera, del tipo llamado *Ichtuknee*, que imita la porcelana china, hecho en la primera mitad del siglo XVII (Museo de Cayastá).

Fragmentos de platos y soperas usados por la gente común de la ciudad entre el final del siglo XVIII y los inicios del XIX: cerámicas de *Triana* decoradas con ramas y hojas, halladas en Defensa 751 (archivo CAU).

Vajilla que muestra el inicio de una nueva tradición:
loza *Creamware* de finales del siglo XVIII, hallada en
Casa Ezcurra, Buenos Aires (archivo CAU).

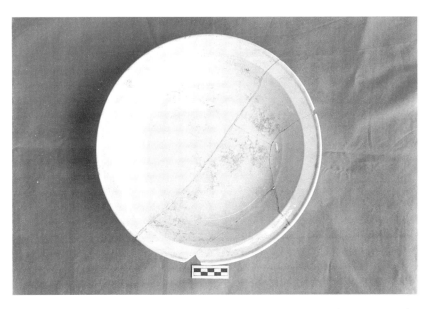

El final de una tradición: la modesta loza *Whiteware*, al terminar el
siglo XIX, completa los cambios tecnológicos que vivió este
material; excavación de Defensa 751 (archivo CAU).

Plato de loza inglesa *Pearlware* decorado en azul y con tinte azulado
en la cubierta: el primer producto de difusión general en Buenos
Aires hacia 1790-1810, hallado en San Lorenzo 392 (archivo CAU).

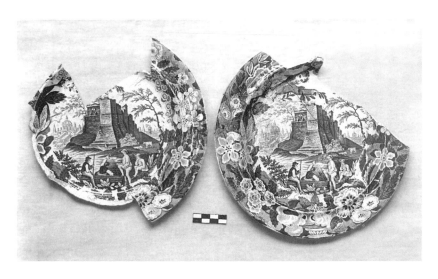

Dos platos playos *Pearlware* con decoración impresa: un escenario
rural, una ciudad (¿Roma?) y grandes ruinas; excavación en
San Lorenzo 392 (archivo CAU).

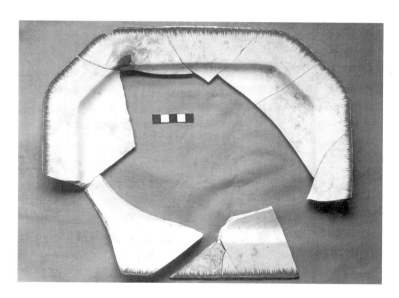

El material más común en la primera mitad del siglo XIX porteño:
una loza del tipo *Pearlware* con borde decorado, hallada en
San Lorenzo 392 (archivo CAU).

Plato playo *Pearlware* con el borde decorado con relieves y pintura
roja sobre ellos, hallado en San Lorenzo 392,
fechado para 1800-1820 (archivo CAU).

Tapa de sopera *Pearlware* floral polícroma; la decoración
más popular hacia 1850-1880 en la ciudad (archivo CAU).

Plato de postre de loza *Pearlware*, polícroma floral, con los motivos
sencillos de la variedad monocroma (archivo CAU).

de figuritas humanas de pasta muy delicada y extremadamente delgada, pintadas de colores, que servían a la
vez de juguetes y comida; desaparecieron en 1857 al ser
prohibidas por el gobierno chileno. Existe al menos
una colección importante en el Museo de Ciencias Naturales de Mendoza, donde ingresaron por donación en
1911.[151] Otro ejemplo interesante es el solitario ceramista español que entre 1734 y 1746 vivió en Alta Gracia, donde encontró una "veta de arcilla finísima y de
bello color y sabor".[152] No queda claro, por ahora, qué
significa exactamente esta alusión al sabor de la arcilla,
pero al menos abre las puertas para seguir indagando
en el tema.

A comienzos del siglo XIX había en Buenos Aires
objetos cerámicos que pueden pasar por tazas u ollas
chicas para todos los usos. Según relata el viajero Jules
Huret:

*para que desapareciese el olor a moho que salía de las pa-
redes y del suelo, el ama de casa quemaba perfumes en cazoletas. Cada una tenía el suyo, compuesto por ella y tenido en secreto: se componían de incienso, benjuí o alguna
otra cosa aromática.*[153]

En sus memorias, Lucio V. Mansilla describe un objeto quizá similar a esas cazoletas, si bien no tenemos
aún datos sobre su forma exacta:

*El 25 de Mayo y el 9 de Julio se ponían candilejas de ba-
rro cocido en el cordón de la azotea y en las ventanas y
balcones. Éstas eran alimentadas con grasa de potro y una
mecha de trapo, tenían forma de una taza común, chata,*

y constituían parte de la preocupación del dueño de casa para que hubiera en abundancia.[154]

Estas candilejas, que las familias ricas las tenían de metal, eran comunes en cerámica burda, las que se usaban en gran cantidad en los contextos populares. En una ocasión, en 1759, se emplearon 170 para iluminar el Cabildo, mientras que en 1791 se asignaron 600.[155]

Según el testimonio de A. Taullard: "Usábase para conservar el agua fresca, además de las tinajas, unos jarrones que se bajaban al aljibe, sostenidos por una soga, a fin de refrescarlos".[156]

Estos objetos de cerámica, loza o porcelana, podían también ser usados simplemente como materia prima: un fragmento, mientras fuera blanco o de color, servía –cualquiera que fuera su antigüedad– para fabricar fichas de damas y chaquete, con sólo redondearlo con un cuchillo. También se hacían fichas simplemente con tejas, para jugar en el piso. El tamaño de las fichas variaba entre los 15 a 25 milímetros y los seis centímetros. Se trata de una tradición panamericana y hay ejemplos similares en todo el continente, incluso en los Estados Unidos.

Un caso semejante al de las fichas es el de los torteros de hilar (volantes de huso) hechos también con fragmentos de platos rotos que se redondeaban y perforaban en el centro. La colección de Santa Fe la Vieja es muy completa y nos indica que, al menos por lo que se ha visto hasta ahora, los torteros no se fabricaban especialmente para esa función tan elemental, sino que se hacían a partir de fragmentos de platos viejos.

La lista podría continuarse indefinidamente: desde lebrillos para dar de comer a las gallinas hasta lebrillos para lavarse los pies, como el que menciona en una carta fechada en 1845 Mariquita Sánchez: "mándame [...] aquella vasija de los pies, eso lo necesito mucho".[157] Y en la iglesia de San Carlos, en Maldonado, Uruguay, dos lebrillos del tipo azul/verde sobre blanco sirven de pilas de agua bendita desde el siglo XVIII.

Las botijas sevillanas de aceite de oliva eran habitualmente usadas, igual que en España, para alivianar las bóvedas de las iglesias de su gran peso, simplemente colocándolas en lugar de ladrillos, de forma que para el mismo volumen se usaba menos peso. Tal es el caso de la iglesia de San Ignacio en Buenos Aires; también se las usaba para alivianar los rellenos hechos para los contrapisos y *terrazas* aquí y en toda América hispánica.[158] En la iglesia de San Carlos en Maldonado se pegaron en el frente y la torre docenas de platos de loza Pearlware inglesa como parte de la decoración, y lo mismo sucedió en la torre de la iglesia de Montevideo, en ambos casos al iniciarse el siglo XIX. En toda zona rural o incluso suburbana se usaron las botellas de gres para hacer canteros después que quedaran sin uso en la Primera Guerra Mundial. Hasta 1930 se las compraba para molerlas y usarlas como pedregullo de caminos allí donde faltaba la piedra.

Curiosamente, a contramano de la tendencia a dar múltiples usos a los utensilios, para principios del siglo XX se advertía en un manual para las futuras amas de casa: "que en la cocina no falten los útiles necesarios destinados a sus determinados fines: no debe titubearse en multiplicarlos porque nunca están de más".[159] Era la contradicción de un fin de siglo que mostraba lo que la higiene ya había impuesto con la realidad existente.Y se proponía a continuación la siguiente lista de elementos imprescindibles:

Se tendrá, pues, en la cocina varias cacerolas con sus respectivas tapas [...] Una olla para el puchero [...], dos parrillas, la una común y la otra para el horno; una sartén grande, otra más chica, y dos o tres pequeñas para huevos al plato; un asador [...], dos o tres coladores, uno de agujeros grandes para hacer puré o en su lugar un aprensador; otro fino para colar el caldo y ciertas salsas; uno o dos tamices de alambre o crin; una budinera baja y ancha y otra alta y angosta; dos ralladores, uno para queso, otro para preparación de dulces; un mortero con su correspondiente pilón; un palote para estirar masa, un tacho de dos asas enlozado, especial para hacer dulce; tres lebrillos, uno para agua caliente en que se lavarán los platos, el otro para el agua tibia del enjuague, el tercero para lavar copas y pocillos; una o dos pescaderas, un cucharón, dos espumaderas de diversos tamaños, y un tostador y un molinillo de café, dos jarros, uno de litro y otro de medio, una jarra esmaltada para leche; tetera, cafetera, chocolatera; cacerolas grande y chica especiales para hervir leche; una palangana, uno o dos baldes, una caldera grande, otra chica, una tabla dura para cortar carne y verduras; un picador de carne, un cuchillo pequeño y de hoja aguda para mondar legumbres y abrir aves y pescado –siendo mejor una tijera especial–; cuchilla para dividir la carne; tenedores y cucharas grandes que no se usen sino para cocinar, cucharas para guiso; si faltase cocina económica, se tendrá una caldera de gran tamaño para no carecer de agua caliente.

Jamás un ama de casa anterior a 1900 hubiera imaginado esta lista. No habría sabido cómo usar estas cosas; es más, ni siquiera habría sospechado que fueran necesarias.

Romper platos y vasos después de una opípara comida es una antigua tradición que simbolizaba inigualable estatus y riqueza. Entre ricos, era un divertimento, entre pobres era señal de borrachera. Por algo dice el dicho: "¿Quién paga los platos rotos?". En el banquete ofrecido a los vencedores de la batalla de Chacabuco, en 1817, el general San Martín preguntó antes de romper su copa si podría romperla, después de hecho un brindis, y su anfitrión Solar le respondió que "esa copa y cuanto había en la mesa estaba puesto allí para romperse".[160] Pero no sólo tras un banquete se rompe vajilla. En una biografía de mediados del siglo XX encontramos una situación interesante para la arqueología: "El estúpido del marido [de la enferma], dentro de su ignorancia, temía que [la enfermedad] fuera algo contagioso y por eso rompió todo: platos, vasos, tazas. También quemó las ropas".[161]

DE FIESTAS Y FESTICHOLAS

La fiesta tal como la conocemos nosotros es un desarrollo relativamente reciente. Si bien todos hemos oído acerca de las fiestas de la Roma imperial, no podríamos organizar una en ese estilo sin tener que prever detalles que nos resultarían bastante desagradables, como por ejemplo, el tiempo y el lugar en que los invitados fueran a vomitar para poder seguir comiendo. Pero no nos vayamos tan lejos, ya que por cierto existe bibliografía sobre este tema para el curioso del pasado; acerquémonos a Buenos Aires en el siglo XVII o XVIII.

Como ocurre con tantas otras cosas, también hay fiestas de ricos y fiestas de pobres. La elite y el pueblo tenían –y tienen– maneras distintas de divertirse, socializar y celebrar. Para los grupos dominantes que organizaban las fiestas públicas, como el Cabildo o la Iglesia, una fiesta era la exteriorización de una estructura, y debía reproducir en la gran escala urbana las jerarquías de la sociedad toda. En las procesiones religiosas, por ejemplo, cada persona tenía una ubicación asignada, lo cual se controlaba estrictamente. Incluso podía querellarse judicialmente a aquellos que no hubieran respetado el orden: cada individuo y cada corporación tenían un lugar en el universo, preescrito e inamovible. El orden, el decoro, la sobriedad eran inmanentes y en la plaza se escenificaban paradas militares, desfilaban las autoridades (me pregunto: ¿a alguien le interesaba o simplemente no había otra cosa que ver?), se hacían incluso simulacros de ataques de indígenas y de piratas y la respuesta militar defensiva. Lo mismo sucedía en la mesa del Cabildo cuando había una fiesta, ya fuera por la entronización de un nuevo rey en España, por su cumpleaños –¡sí, se lo celebraba en todas las ciudades de América!–, por celebrarse un santo en particular o por haber corrida de toros: cada comensal tenía su ubicación fija y los rituales estaban bien definidos. En síntesis, nada debía cambiar demasiado, al menos en las formas. Ya hemos descrito qué se comía y bebía en estas pantagruélicas fiestas.

El pueblo se divertía de otras maneras: se emborrachaban en la pulpería hasta caer dormidos, cantaban frente a una fogata al lado de la carreta; los esclavos se reunían a bailar el candombe en el bajo del río o en cualquier espacio abierto en que pudieran meterse, tocando sus tambores y cantando en idiomas africanos originales como modo de mantener viva su memoria e identidad. Eran formas simples de socializar ya que en las otras eran observadores, no participantes. El pueblo reunía amigos y vecinos en diversas ocasiones: un velorio, un casamiento. Muchas veces, el simple hecho de que varios coincidieran en un rancho o casa humilde hacía correr el licor y el mate. Las formas de beber y comer llevaban implícita la participación colectiva: se pasaban el mate o la copa o la botella en rueda, de forma de integrar a todos al mismo círculo en forma espontánea. Se sentaban en el piso de tierra o de ladrillos, generalmente al aire libre o en casas que no tenían ningún equipamiento específico o siquiera adecuado.

Las fiestas hogareñas de la elite comenzaron a cambiar en los inicios del siglo XIX, cuando los nuevos aires revolucionarios trastocaron los papeles y las libertades. Las clases populares comenzaron a ganar lugares y roles que no se les podía prohibir; todo cambió muy rápidamente en una estructura tradicionalmente rígida, obligando a adecuarse y encontrar alternativas para que la marea popular no superara las barreras sociales. Porque una cosa era darles la libertad a los esclavos, pero otra era participar en un candombe. El resultado fue un proceso brusco de introversión de la clase alta, que llevó las fiestas al interior de sus casas, donde nunca antes habían tenido lugar. Amigos y hasta desconocidos pudieron entrar por primera vez en las viviendas, por lo que fue necesario adecuar y amueblar los espacios para recibirlos. Las excusas eran de todo tipo: brindis por las fiestas patrias (actividad sólo masculina), invitaciones a banquetes y cenas, celebraciones del santo (el onomástico), casamientos... Comienza la moda de las tertulias (muchas veces sólo femeninas), se invitaba a escuchar música, incluso música patria, a discutir de literatura, política o hasta ciencias; se formaron círculos literarios y de acción cívica. Pero éste era un universo tan cerrado como el anterior.

La Revolución trajo cambios también en la sociabilidad porteña. Se comenzó a usar de otras maneras algunos espacios semipúblicos como los cafés, los teatros, los nuevos y recién inventados hoteles y los restaurantes en crecimiento día a día; pues ahora podía concurrir quien pudiera pagar no importando su clase social. Sin embargo, no podemos dejar de mencionar que, si bien se acortaron las distancias sociales, el racismo no disminuyó, y hasta fines del siglo XIX los afroporteños no podían entrar en el Jardín Florida, en muchos teatros y sitios de esparcimiento.

En los cafés se hacían reuniones *temáticas* –costumbre que perduró hasta hace pocos años–: estaban los que eran sitio de encuentro de jóvenes militantes de la política, del arte o la literatura, y también podía concurrir cualquiera, simplemente a ver y a escuchar. Por supuesto un joven de alcurnia podía estar todo el día en el café y eso no era más que *ocio*, en cambio un peón en la pulpería pasaba a ser un *vago y malentretenido*, por lo que era enviado de inmediato a servir en la frontera durante años.

Durante la década de 1820 la policía vigilaba estrictamente que las fiestas de los afroporteños se hicieran siempre dentro de las sedes de sus naciones y ya no en las calles. Todo se aceptaba si quedaba en privado, la moral se relativizaba al dejar de ser controlada por la Iglesia y pasar a ser parte de la responsabilidad del nuevo Estado revolucionario.

Como lógica consecuencia de tantos cambios sociales, la vajilla y el moblaje de la casa, el bar o el restaurante habrían de transformarse también. Sin embargo, Wilde aún protestaba porque en los bares no había azucareras: el mozo ponía el azúcar sobre el plato y lo cubría con la taza. Los cambios eran más rápidos que la llegada del equipamiento adecuado. No es casual que en esos años llegaran las copas, invento que Europa occidental había difundido sólo poco antes: usar una copa implica una delicadeza en el manejo de la vajilla que no era posible en una modesta pulpería, ni siquiera en un café; había un ritual, un brindis y hasta bebidas específicas que debían tomarse en ellas. Aún faltaba medio siglo para que apareciesen copas diferenciadas para champán y para coñac, y más aún tardaría en usarse una para el vino y otra para el agua. Mariquita Sánchez narró las dificultades que implicaba organizar una fiesta; entre otras cosas porque, como ya se dijo, había que pedir prestadas sillas a los vecinos: nadie tenía más que unas pocas y en ese nivel social ya no se sentaban en el piso.

Para fines de ese siglo, los nuevos palacetes de Barrio Norte ostentarían el exótico lujo de sus comedores, con mesas para 24 personas, al tiempo que en la ciudad aparecerían salones en alquiler para las recepciones privadas: los hoteles, rápidamente transformados, daban para entonces ese servicio, que habría sido impensable para doña Mariquita y le habría evitado más de un dolor de cabeza.

"HASTA QUE LAS VELAS NO ARDAN"

La iluminación no es un aspecto menor con relación a las fiestas y la sociabilidad en general. Hasta el siglo XVIII, el día era el día y la noche era la noche. Lo del día se hacía en su momento y la noche era el reino de lo oscuro, en la mayor amplitud del concepto, el que aún se mantiene. Para iluminarse sólo había velas, faroles y candiles; como siempre, de dos tipos: para ricos y para pobres.

La vela sencilla era de grasa de potro o de vaca, por lo que daba un olor fuerte y desagradable, para nosotros de difícil aceptación. Entonces, una reunión en una habitación en invierno, con esas velas, era casi imposible de soportar. Por otra parte, la vela o el candil daban un tipo peculiar de iluminación que muchas veces no era suficiente: se apagaban con la mínima brisa y duraban poco. Una de las tareas de la servidumbre era cambiarlas con frecuencia y, si en la casa había una araña –muy pocos por cierto podían costear ese lujo–, tenían que bajarla y subirla cada hora para cambiar las velas, en medio de la reunión. Fue la llegada del quinqué lo que comenzó a cambiar esto: para mediados del siglo XVIII, la lámpara de aceite con mecha permitía una luz fuerte, muy fuerte para la época. Protegida por una tulipa, la lámpara no era afectada por el viento, además no chorreaba y tampoco daba olores demasiado fuertes, aunque esto dependía del aceite que se usara. El quinqué no fue, en un primer momento, accesible para todos, pero lentamente se fue masificando cuando la industria lo abarató a inicios del siglo XIX.

El quinqué inauguró el uso de la noche para actividades diferentes de las habituales hasta entonces. A partir de allí, todo fue rápido: para mediados del siglo XIX surgió la posibilidad de tener iluminación central en toda la casa por caños de gas, y a finales de ese siglo llegó la famosa electricidad, "la luz de la ciencia y el ingenio humano habían triunfado sobre la oscuridad" y eso permitió, entre otras cosas, prolongar las fiestas durante toda la noche.

II

DE LA VAJILLA EN EL RÍO DE LA PLATA

Hacia fines del siglo XV, cuando Colón llegó a las costas del mundo nuevo, el bagaje cerámico –y, por ende, la vajilla cerámica– que un barco proveniente de España podía traer era relativamente reducido: por una parte había piezas que mantenían fuertemente arraigada la tradición ornamental árabe y por la otra todavía estaban aquellas que mostraban la continuidad medieval europea; pero en sí mismas las variantes técnicas, decorativas o funcionales eran pocas, juzgadas desde los siglos posteriores; el Renacimiento aún no había arribado para trastocar eso. En cambio, cuando Pedro de Mendoza se estableció por primera vez en Buenos Aires en 1536, el panorama cerámico español ya había cambiado, tal vez por la disolución de la tradición árabe –de la que quedará el esmalte blanco en los platos– o por el surgimiento de nuevas formas y decoraciones más acordes al nuevo gusto europeizante. Hasta 1580, año de la fundación definitiva de Buenos aires, los expedicionarios traían consigo vajilla no sólo española sino de todo el Mediterráneo e incluso del centro y Norte europeos; además de cerámicas esmaltadas traían el gres y el peltre alemán, las mayólicas italianas del Renacimiento y hasta las finas porcelanas de la lejana China. Los platos de Juan de Garay eran muy diferentes de los de Pedro de Mendoza, pese a que habían transcurrido relativamente pocos años. No era sólo España la que cambiaba, era todo el Mediterráneo el que se transformaba por la nueva estructura del comercio internacional. Para bien o para mal, Buenos Aires quedaba integrada de una vez y para siempre en una red mundial de comercio ultramarino.

Las mayólicas españolas

El producto de lujo en la vajilla de mesa más común de esos tiempos –a excepción de la porcelana china–, venía desde España, de los hornos de Talavera de la Reina y de sus competidores de Puente del Arzobispo, de donde llegaron a tomar hasta el nombre que identificó con el tiempo a todo un conjunto cerámico caracterizado por su cubierta blanca y su pasta clara –hoy conocido como *mayólica*–, pero que pese a su supremacía sobre otros conjuntos no fue único en la región. Por supuesto no era de lujo en España, pero sí lo fue acá: difícil de obtener, caro de trasladar, era casi imposible reponer las piezas rotas o extraviadas.

El comercio mundial había llegado con su largo brazo hasta estas lejanas tierras con toda la variedad y heterogeneidad que lo caracterizaba. Las mayólicas tenían formas características e inmutables: la habitual era la escudilla, un plato pequeño de base muy chica y paredes ligeramente oblicuas, lo que permitía que se lo sostuviera entre las piernas al sentarse en el piso o en un banco. Se comía de él con los dedos, se lo usaba con cuchara cuando la hubo, o incluso para beber desde el plato. El tipo más común estaba fabricado con una pasta blanquecina y una cubierta esmaltada blanca opaca, a veces decorada con motivos espiralados en azul cobalto, o de escudos de armas, o simples líneas ornamentales. Este tipo de cerámica es conocido como *morisca* y era de bastante mala calidad, con defectos de terminación de todo tipo. Pero era lo que se hacía y se podía comprar para el común de la gente. La arqueología ha definido varios tipos de esta cerámica morisca para los siglos XVI y los primeros años del XVII, entre ellos el *Columbia Liso*,[162] que es el más común que se encuentra en nuestro país.

Para comienzos del siglo XVII, la acumulación de riquezas provenientes de América durante el siglo anterior dio gran impulso a la economía y la producción artesanal en España. En este marco, surgieron las llamadas mayólicas de Talavera de la Reina. Se trataba de toda un variedad de productos de mesa y ornamento ricamente decorados con azul de cobalto y en ciertos casos en policromía; los esmaltes eran mucho más brillantes que los anteriores y ya comenzaban a hacerse con la base plana y más ancha, en la nueva moda del Renacimiento, con una pequeña pata que separaba ligeramente el plato de la mesa y con los bordes más bajos: se estaba definiendo el plato que un siglo más tarde llegaría a ser como el actual plato playo.

Al menos Buenos Aires y el territorio actual de la Argentina recibieron en grandes cantidades una de las variantes de esta cerámica que la arqueología llama *Ichtuknee*,[163] cuya característica es que la decoración forma cuadrados en torno a un motivo central, cuyo interior a su vez está cubierto por motivos fitomorfos o abstractos. En realidad, y esto es un punto interesante, no era más que una copia de la porcelana china y esos dibujos trataban de reproducir –sin comprender– las letras orientales o los adornos de aquellas lejanas e ignotas tierras.

Otro conjunto de cerámica esmaltada española de esos siglos, importante para nosotros, fue la de influencia italianizante común con anterioridad al año 1650. El Renacimiento hacía furor en el mundo y los reyes de España llevaron artesanos y artistas a Talavera para amoldar la producción al gusto de la corte de la época; la mayor producción nos llegó desde Sevilla, donde en los hornos de Triana comenzaron a fabricar una cerámica de pasta blanquecina de muy buena calidad, con la superficie cubierta de un esmaltado blanco fino y que a veces decoraban con azul. También se ampliaba la cantidad y variedad de formas que se producían y cada vez había mayor variedad de objetos de uso doméstico como los tinteros, bacías, tinas, azulejos, lebrillos y candelabros.

El siglo XVIII produjo una fuerte renovación en la mayólica española, en especial para sobrevivir a la competencia de otros países europeos, en la misma América, y con otros productos de producción semiindustrial para su época: el gres y el vidrio. Para esa época ya se hacían comunes los platos playos y los platos hondos, y las bases planas con anillo que los separaban de la mesa. Una oleada de importación fue la que llegó desde Sevilla, concretamente desde Triana, a finales del siglo XVIII, con un tipo de mayólica muy simple, modesta, de bajo costo, que compitió y desplazó todo lo anterior en Buenos Aires por su precio. Son las llamadas mayólicas *Triana*[164] que se usaron en la mesa porteña hasta

1820 o 1830. Se decoraban con flores, hojas y anillos en azul, y a veces había sectores en negro, amarillo o violeta. Eran firmes, pesadas, y sus formas incluso se habían adaptado a las nuevas necesidades como las tazas para el té y sus respectivos platos. Rápidamente se dispersaron por todo el territorio nacional y se han hallado en excavaciones en Tucumán, Mendoza y Córdoba.

Pero esto no era todo lo que venía en mayólicas desde España, había otras como los platos y vasijas llamados de Reflejo Dorado, pintadas con cobre de forma que parecía oro –y eran en extremo valiosas–, también estaban los sencillos bacines (aquí conocidos como "pelelas") del siglo XVIII tardío, que aún tenían forma cónica –y no redondeada como las de tradición francesa que llegarían un siglo más tarde–, simplemente decoradas con anillos de color azul o verde; o las muy vistosas cerámicas esmaltadas de Alcora, con ligeras florecillas de colores que hicieron las delicias de más de un hogar porteño en los inicios del siglo XIX, con su pasta de color rojo y la policromía de su decoración.

LAS MAYÓLICAS DEL MEDITERRÁNEO

En otros países de Europa también se producían mayólicas, que entraban al tráfico de mercancías del Atlántico por diversos caminos llegando hasta estas lejanas tierras. Así, era posible encontrar en las casas porteñas alguna vajilla francesa, más conocida como *faïence*; o bien la holandesa, llamada *Delft* por la ciudad donde se las hacía; o bien la *faiança* portuguesa. A lo largo del siglo XVIII, el poder adquisitivo de las familias de la elite crecía y, paralelamente, el poder español se debilitaba en el control del comercio marítimo; y si bien estas vajillas estaban claramente prohibidas, en los hogares acomodados de Buenos Aires era un símbolo de prestigio lucirlas. Las más lujosas y a su vez las más antiguas eran las italianas: a la *Montelupo* y la *Faenza Compendiaro* las hemos hallado en la cercana Santa Fe la Vieja ya para 1600-1650. Todas ellas tenían características especiales de color, pasta u ornamentación que las hacían ser elegidas por una u otra familia poderosa, que seguramente exhibían esos platos como símbolos de sus cacerías de compras en los mercados internacionales. Con el tiempo y con la ruptura del monopolio comercial, Francia enviaría ingentes cantidades de vajilla decorada, al menos hasta cerca de 1800.

LA VAJILLA DE PRODUCCIÓN REGIONAL

El habitante local no tenía solamente la opción de lo importado: por los tres siglos siguientes al impacto español, las cerámicas locales (indígenas y criollas) seguirían siendo importantes en su significación y en su presencia cuantitativa. Lo importado era caro, de oferta reducida a los núcleos urbanos, muchas veces irremplazable –por lo menos hasta el siglo XVIII tardío–, y significativamente eran objetos de lujo asociados al conquistador, al patrón o al menos a la cultura blanca. En forma paralela, había una gran oferta de productos locales y/o regionales, es decir de vajillas, contenedores y otros recipientes cerámicos que seguían tradiciones antiguas sea en forma, en función, en decoración o en manufactura. Durante los siglos XVI y XVII hubo tanto continuidades indígenas absolutas como mezclas de técnicas de manufactura y funcionalidad de ambas culturas. Por ejemplo, se han encontrado objetos tan españoles como los bacines, pero manufacturados sin torno, a la manera indígena, con el espiralado indígena prehispánico; o bien, en el litoral, platos de tipo europeo pero en cerámicas rojas con antiplástico de tiestos y pintura roja típicamente guaraníes.

Más adelante veremos muchos más ejemplos de estas combinaciones que habitualmente hemos llamado *mestizas* y que también han sido denominadas *hispanoamericanas*; su importancia es de destacar ya que son un buen ejemplo de los complejos procesos de cambio cultural que ocurrieron en esos años tempranos. Estos objetos dan muestras de lo complejo de la historia de la vajilla de mesa y cocina, que incluye todo lo asociado al comer, guardar y servir.

Desde tiempos inmemoriales los indígenas del litoral fabricaban una cerámica de pasta rojiza que caracterizaba a la cultura guaraní. Adaptada a las formas europeas, esta cerámica llegará a Buenos Aires en forma de vasijas denominadas en arqueología *Buenos Aires Evertido*, o cepilladas en su superficie, o con decoraciones hechas con los dedos, con puntos y rayas, que se mantuvieron hasta el final del siglo XVIII. Muchas veces estaban pintadas de color rojo en su parte exterior, pero cuando se empezaron a hacer platos imitando los extranjeros, los pintaron del lado de adentro; se trata de lo que llamamos *Monocromo Rojo*, de clara continuidad indígena.[165] Desde escudillas hasta lebrillos, la aculturación de la población indígena lo produjo todo y lo envió a Buenos Aires. Era en la ciudad la vajilla de la cocina, de los pobres, de los esclavos que no podían usar la propia, y posiblemente incluso de algunos blancos que no pudieron reemplazar sus mayólicas importadas. Y era lo que se usaba cuando no había otra cosa, cuando lo importado no estaba en el mercado, o no se lo podía pagar; y era lo que la cocinera prefería porque estaba más cerca de su propia identidad cultural aunque no lo pudiera llevar a la mesa de los amos.

Para fines del siglo XVI ya se estaban moviendo en la región litoraleña cerámicas producidas por el intercambio entre indígenas y europeos, netamente *criollas*, en las que la tradición imperante ya no era la indígena sino la del exterior. Aquí llegaban desde regiones lejanas: de Mendoza venían las grandes tinajas para vino (desde 1590) y más tarde ollas y escudillas con los curiosos vidriados que hacían los agustinos en su hacienda del Carrascal (desde 1620); de Córdoba, Tucumán y Catamarca llegaban las vasijas que se producían en el actual Noroeste argentino y también las que venían desde más lejos aún, de Potosí y el viejo Alto Perú. Eran cerámicas sin vidriar, en forma de cántaros, ollas, tinajas o botijas, modestas, simples; a veces algún portavelas o taza, casi nunca un plato.

LAS OTRAS, LAS DE AMÉRICA LATINA

Para 1600 estaban llegando por el Atlántico y por el Pacífico, vía Chile-Mendoza, las mayólicas de Panamá, México y Perú. Hacia fines del siglo XVIII, los platos más comunes en Buenos Aires, Montevideo y Colonia

eran –¿increíble?– los importados del Caribe, posiblemente de Puerto Rico, del tipo conocido como *El Morro* y que suponemos eran utilizados por los grupos sociales más bajos. Y ni hablar de lo que ingresaba por
contrabando; a medida que pasaban los años, la variedad y heterogeneidad del material se enriquecía hasta
límites insospechados. La vajilla cerámica panameña se
ha transformado en nuestras tierras en un marcador
cronológico muy interesante: fue fabricada en esa ciudad centroamericana solamente entre 1600 y 1650 y
por lo tanto acompañó a muchos conquistadores que
entraron a nuestro territorio desde el Norte; hoy la arqueología puede hallarlas en los sitios prehispánicos
conquistados por ellos como un reguero de su paso. En
realidad son mayólicas similares a las españolas aunque
con algunas diferencias, en especial la de Panamá, que
tiene la pasta roja, o la de México, con un tono más salmón que blanco; las de Perú en cambio tienen además
un tono verdoso en el esmalte que conserva hasta hoy
en día en las aldeas en donde se siguen fabricando. Pequeñas diferencias que dicen hoy muchas cosas y que
seguramente también lo decían antes. No todos los platos eran iguales, ni ayer ni hoy; el secreto consistía en
saber distinguirlos.

LAS CERÁMICAS MODESTAS
DE LA TRADICIÓN EUROPEA POBRE

No todo lo que llegaba de Europa era de calidad;
allí también había pobres, y la marinería y los soldados,
o los primeros inmigrantes, también lo eran. Por lo

tanto trajeron, y luego se importaron, diversos productos de uso hogareño muy modestos, sencillos, tanto que muchos los confunden con productos locales. Por ejemplo, el aceite de oliva se envasaba desde tiempos romanos en unas ollas globulares de pico reducido y base en punta –para que no pudieran estar paradas–, las llamadas *botijas*. Ya hemos visto que se las mantenía acostadas para que el cierre, generalmente de madera encerada, quedara siempre húmedo; de otro modo, se secaba y permitía la entrada de aire. Fabricadas con torno, esas botijas eran de color claro, a veces tenían el interior vidriado, y su forma ahusada fue alargándose con el tiempo.[166] Fueron las antecesoras del tarro metálico del lechero, inventado a mediados del siglo XIX, que conservaba la misma forma.

Otras cerámicas que llegaron desde la Europa de los tiempos tempranos de la Colonia eran siempre de pasta roja y las había de varios tipos: la *Feldespato Incluido*, fechada para 1580-1600, tenía incrustaciones de piedras blancas en la superficie; el *Lebrillo Verde* era del siglo XVI; la *Micácea Naranja* desaparece hacia 1650. En la segunda mitad del siglo XVIII se inundó Buenos Aires de una cerámica que hemos bautizado como *Verde sobre Amarillo de Pasta Blanca*, en lebrillos de mesa y cocina que llegaron a usarse hasta la época de Rosas y que al parecer imitan una cerámica importada muy parecida por fuera pero de pasta rojiza. También encontramos la cerámica *Verde sobre Amarillo de Pasta Roja*, típica del final del siglo XVIII para bacines de baño y lebrillos de cocina; otras variantes han sido la cerámica de color gris oscuro española, el *Greyware*, y otra de gruesos y finos vidriados brillantes llamada *Rey*. Y si bien resulta imposible nombrar todos los tipos de cerámicas en vajillas de mesa y cocina que la arqueología ha identificado en la región, debemos citar una curiosidad: la *Cerámica Utilitaria*, producida en Buenos Aires o en algún otro sitio aún no identificado de sus cercanías; se hicieron con ella ollas de cocina, platos, tazas y sartenes con una cubierta verdosa, fina y transparente que se vendió en la ciudad hasta 1910.[167]

LA REALIDAD COTIDIANA

Por qué se prefería para la vida cotidiana pobre cerámicas no locales, aunque tan baratas como las locales, es una pregunta que hemos intentando responder en otro libro anterior.[168] Es evidente que se unieron dos cuestiones: por un lado, la falta de producción en los centros poblados mayores de esta región a partir del siglo XVII, lo que corre paralelo a la destrucción de la cultura guaranítica reducida a las Misiones; por otro lado, la connotación simbólico-cultural de las cerámicas de tradición indígena, demasiado fuerte para una sociedad dominada por los blancos. Y esto, pese a la extrema pobreza que caracterizó a los pobladores hasta el siglo XVIII, cuando los testamentos muestran que se heredaban platos rotos, cuchillos oxidados o ropa raída; las *Actas del Cabildo* de Buenos Aires nos hablan en el inicio del siglo XVII de blancos vestidos con cueros, a falta de otras ropas con que cubrirse. Por supuesto, en esos mismos momentos había quienes comían en vajilla de plata, incluso de oro, pero no era más que una selecta minoría; no es esa historia la que estamos narrando aquí. Postulamos que la presencia de la cerámica guaranítica colonial, de clara filiación indígena en sus técnicas y decoración aunque netamente españolizada en sus formas y funciones, repuntó en toda la región en coincidencia con el crecimiento de las misiones jesuíticas en sus últimos tiempos. La presencia de lo guaranítico debió de disminuir hacia los inicios del siglo XVII, pero lentamente se fue incrementando hasta que llegó a su máximo apogeo en el siglo XVIII medio. Incluso es posible que la cerámica *Monocroma Roja* en su variedad pulida, tan común en Buenos Aires y en todos los sitios en que los jesuitas se asentaron durante los siglos XVII tardío y XVIII temprano, sea precisamente expresión de la fuerza que cobraron las reducciones y su comercio en toda la región. En realidad, esa cerámica de fino pulido parece un modesto intento local de imitar los vidriados europeos; y cuando en las Misiones realmente lograron hacer vidriados con plomo, se produjo la expulsión de los jesuitas.

A partir del siglo XVI no sólo hubo un intenso cambio en las cerámicas americanas sino que también variaron constantemente las europeas y llegó un momento en que los ceramistas locales no pudieron ya copiar sus formas y decoraciones. Los platos del siglo XVI –escudillas–, como sabemos, no tenían base plana y sus paredes eran oblicuas, eso podía ser copiado y así se hizo. En el siglo siguiente, en cambio, los artesanos españoles tendieron cada vez más hacia el nuevo plato de mesa, plano y difícil de volcar; para el artesano indígena ese cambio era incomprensible, ya que jamás había visto un tenedor y menos, el comer con él. Pero cuando realmente se impuso el plato de loza –nuestro actual plato en cuanto a forma y función–, junto con las primeras piezas *Creamware* llegaron también mayólicas de Triana, que reproducían las formas de los platos de dos siglos atrás pero con bases más anchas, lo cual ya resultaría incomprensible para cualquiera que quisiera seguir esas abruptas transformaciones. El desarrollo del capitalismo temprano no era homogéneo en Europa, y en Sevilla estaban un siglo atrasados con relación a Inglaterra en este tipo de producción, e imitaban con torno lo que los otros ya hacían con moldes industriales. Los cambios que la sociedad europea estaba viviendo en la vida doméstica se reflejaban con rapidez en su vajilla, y a su vez los de una industria temprana pero creciente también afectaban los productos de mesa; ese ritmo debía resultar difícil de sostener para los productores locales, que eran parte de culturas indígenas más o menos aculturadas y brutalmente dominadas. ¿Cómo imitar los cambios constantes en las botijas sevillanas, que se iban alargando paulatinamente y variaban la forma de su boca?, ¿cómo imitar los vidriados de estaño, coloreados con productos químicos imposibles de realizar en la región? Un ejemplo trágico es que cuando en las misiones jesuíticas se difundieron los vidriados de plomo transparentes, similares a los producidos en Europa, allí ya se dejaron de hacer porque se descubrió que eran productores de enfermedades como el saturnismo.

Valga aquí adelantar el tema de las botijas de Santa Fe la Vieja: las bocas de las fabricadas en ese sitio –único hasta ahora con esta característica– fueron diseñadas copiando la forma de las españolas, pero con el interior diferente, ya que debía adaptarse a una tapa que no sería de corcho, ni de tela encerada, ni una cerámica reusada. Entender la vajilla implica entender estos pequeños procesos de cambio y su significación.

LA REVOLUCIÓN *CREAMWARE*

Estamos en el siglo XVIII. La nueva cultura blanca de la ciudad necesita objetos cada vez más específicos y menos polifuncionales que en los tiempos anteriores: salseras, saleros, mantequeras, fruteras, platos hondos, playos y de postre, potes, soperas, tabaqueras y cajitas de rapé... Cada elemento debe tener una forma y una única función. Y la decoración no puede ser igual a la de la vajilla del vecino. Pero, por otra parte, es necesario *reponer* las piezas rotas, lo que la artesanía hacía imposible: nunca había otra igual. La producción industrial comienza entonces a brindar la posibilidad de adquirir *juegos de mesa* con piezas reemplazables en el comercio a costos razonables y variedad en el catálogo, dejando de lado la tradición artesanal. Por supuesto que los grupos sociales más altos tenían sus vajillas de plata y hubo quienes hasta la tuvieron de oro, pero la platería nunca reemplazó a la popular y democrática cerámica, ya fuera en loza, mayólica o gres; y menos aún a la porcelana oriental. Representaban productos diferentes, con formas y decoraciones específicas destinadas a funciones y grupos sociales determinados. En 1658 el viajero Acarete du Biscay observaba:

> *todos los que se encuentran en situación regular son servidos en vajillas de plata y tienen muchos sirvientes negros, mulatos, mestizos, indios, cafres o zambos, siendo todos éstos esclavos.*[169]

Y las cosas siguieron así por varios siglos; a inicios de 1811 el conspicuo observador norteamericano Joel Poinsett escribía en su diario:

La abundancia de platería en esa casa me resultó sorprendente; las fuentes, los platos y los cubiertos eran de plata y después de comer colocaron sobre la mesa una palangana de plata para las abluciones. Observé que toda la familia mojó sus dedos en la misma palangana.[170]

Lo que al viajero no le llamaba la atención era la vieja costumbre de comer tanto con las manos como con cubiertos –por eso se las tenían que lavar–, ya que el tenedor era un adminículo que recién se estaba introduciendo en la mesa. Los hermanos Robertson en 1815 vieron algo semejante con la platería: "La mayor parte de los útiles para comer eran de plata".[171] William Mac Cann, en 1853, notó con toda precisión las diferencias en las maneras de comer, al preguntarse, no sin sarcasmo:

¿Hay otro índice de civilización acaso más evidente que el tenedor? El tenedor no se usa jamás entre las clases populares y, en realidad, creo que no se usa porque exigiría la adopción de otros hábitos domésticos que resultarían fastidiosos: un cuchillo y un tenedor requieren un plato, el plato requiere una mesa, sentarse en el suelo con un plato resultaría inconveniente y ridículo.[172]

Es que las distancias sociales eran inmensas; Mac Cann estaba culturalmente más cerca de Juan Bautista Alberdi, quien decía:

*No valdría más el presentar un corto número de platos
exquisitos, y después todo el lujo y la pompa del mundo en
el servicio, en la decoración del salón [...] en los vinos, y
sobre todo en la amenidad, en la liberalidad, en la urba-
nidad del tratamiento.*[173]

El sutil detalle de la relación mesa-plato-tenedor no
podía pasar inadvertido para la *cultura de la loza*, producto europeo de la Revolución Industrial que acabó en
el mundo con cerámica artesanal de todo tipo; pero hay
que destacar que ni la producción extranjera ni la local
tomaron en cuenta que un siglo antes ese cubierto, el
tenedor, no se usaba tampoco en Europa. Los resultados finales de la Revolución *Creamware* aún no los conocemos: seguimos usando platos de loza todos los días.

El origen de la loza es tema de controversia ya que
fue el resultado de cientos de intentos, realizados en
toda Europa desde el Renacimiento, de imitar la porcelana oriental, cuyo secreto estaba protegido por el
Estado chino como el tesoro más preciado que tenían,
y no hubo espía alguno que lograra averiguarlo nunca.
Uno de aquellos fabricantes de cerámica que probaba
nuevos materiales más adaptables a los hornos y técnicas industriales, Josiah Wegdwood, patentó y comenzó
a comercializar masivamente –hacia 1760– un nuevo
producto hecho con un nuevo material: una arcilla rica
en caolín. Se trataba de la *loza* y más específicamente
de la que ahora llamamos *Creamware* por su color
amarillento tan característico, nombre que reemplazó
en la práctica al de *Queensware* que le diera su creador,
el que ha quedado sin embargo para una variedad de

forma en los platos. La pasta era de un tono amarillento pálido y el vidriado, de color ligeramente verde donde se acumula. Se fabricaba en molde y a costos muy bajos, por lo que casi de inmediato se inició su exportación a todo el mundo. La loza *Creamware* era fácil de mantener, de limpiar, de reemplazar. Delgada, fina, liviana, fuerte, baratísima, permitía variar la decoración sin cambiar el precio, ya que se fabricaba con un sistema simple de producción industrial. Las formas y funciones eran muy variadas y resultaban fácilmente modificables a medida que las modas se iban superponiendo unas a otras; era cuestión de variar el molde y millones de piezas saldrían de inmediato al mercado. Estas lozas se difundieron en la región rioplatense, primero por medio del contrabando y más tarde por medio del comercio con enorme rapidez; para fines del siglo XVIII tenía una presencia masiva en Buenos Aires.

Pero para complicar todo esto, desde 1780 ya había comenzado a llegar el otro nuevo producto para vajillas también inventado por Wegdwood: la loza *Pearlware*, que como su nombre lo indica tenía una pasta más blanca, aunque el vidriado tendía hacia los tonos azules por el añadido de cobalto para hacer la cubierta más transparente. Ambas competirían por el mercado regional durante medio siglo, hasta que la llegada de la aun más barata *Whiteware* –a la que se le había logrado borrar el azul– acabó en forma rápida con las anteriores poco después de 1800-1820. Estos tonos del vidriado y/o pasta no tenían nada que ver con el color de los motivos decorativos de su superficie y hoy sirven al experto para clasificarlas y fecharlas.

Esas lozas iniciales produjeron lo que los estudios de cultura material han denominado *Revolución Creamware*,[174] impactando al mundo junto con el crecimiento del poder de Inglaterra en las vías del comercio mundial y acabando con toda forma de producción cerámica anterior; nadie más tendría un plato o fuente de mayólica, de cerámicas regionales o de gres; sólo la porcelana seguiría incólume. La historia no se ha ocupado aún de este tema, pero la arqueología está mostrando que hubo un acceso diferencial a la loza en los primeros tiempos, opuestamente a lo que sucedió en Europa: en su inicio ésta fue de uso socialmente diferenciado ya que al ser un producto de contrabando llegado desde un país enemigo, y con formas, decoración y función distintas de las tradicionales, no fue aceptado masivamente. Creo que recién la loza *Pearlware* fue usada por más de un grupo social, o al menos eso parece indicar la arqueología. Como un autor ha escrito:

La cultura material es más que una expresión de bienestar. Es también un mecanismo que puede crear, estructurar y rearmar las relaciones de poder. Los cambios en los sistemas socioculturales y en las relaciones de poder son a menudo reforzados por nuevos símbolos en los objetos materiales de todos los días. Con poderosa e incuestionable jerarquía los cambios simbólicos ocurren rara vez y los objetos materiales mantienen un carácter que refleja esa relación jerárquica en la comunidad. Cuando la jerarquía social es amenazada, nuevos bienes son introducidos con el objeto de tratar de reestablecer la asimetría social.[175]

158

En los contextos atribuidos a grupos socialmente bajos, es habitual hallar juegos de loza que presentan un mismo o similar motivo decorativo, pero cuyas marcas, pastas y vidriados son diferentes. Podemos suponer que se intentaba armar juegos pero sin tomar en cuenta los detalles; esto era especialmente común con las lozas más antiguas, por ende raras y relativamente caras. El estudio de la loza *Creamware* en Buenos Aires nos abre un panorama de trabajo que no sospechábamos siquiera. Por ejemplo, la asociación popular entre la loza amarillenta y *lo viejo* es quizás una herencia de esa época; valga como ejemplo una inspección de rutina en un orfanatorio que relata el higienista Eduardo Wilde en 1874:

En uno de los cajones había una fuente de loza, de esas que de viejas se ponen amarillas; esta fuente estaba rota; miré a la hermana y ésta se ruborizó diciendo: no extrañe a usted que haya una fuente rota, es tan vieja y ha servido tanto que bien ha podido romperse; pero no la usamos sino para calentar poniéndola sobre las planchas.[176]

Este prurito no era aplicable a todos por igual, ya que las familias de pocos recursos no lo observaban y tampoco los "venidos a menos", como se los llamaba en la época, quienes no descartaban la vajilla despostillada. Por ejemplo, Quilito en 1891 describía su propia casa de la siguiente manera:

Una mirada a la mal provista mesa: el mantel remendado a trechos no alcanzaba a cubrirla, la vajilla era de loza tan maltratada que el borde de los platos parecía haber estado expuesto a los mordiscos de los muy ham-

brientos canes; los cubiertos: desdentados los tenedores y gastados los cuchillos.[177]

A inicios de ese siglo, el viajero Samuel Haigh se refería así a este tema:

la alfarería de Worcester y Staffordshire, frágil merca-dería que no resiste las grescas domésticas y tan pronto como se rompe es reemplazada por aquellos infatigables artífices de la arcilla.[178]

Los más ricos, por su parte, tenían acceso a todo lo imaginable: según Vicente Quesada, para fines del siglo XIX él se daba el lujo de tener "faenzas de Delft o Rouen o imitaciones, platos italianos del Renacimiento y de Sèvres".[179] Y Vicente Fidel López criticaba en *La gran aldea* la absurda decoración de una casa, con sus "hojas exóticas en vasos japoneses y de Saxe, enlozados pagódicos y lozas germánicas: todos los anacronismos del decorado moderno".[180]

Lo que las excavaciones muestran es que la relación entre estatus, capacidad de consumo y productos en el mercado era bastante compleja. En varias viviendas se encontró que incluso familias de altos recursos usaban juegos de platos que mezclaban marcas o coloración de vidriado, en tanto y en cuanto mantuvieran el mismo tema decorativo. Es decir que se le daba más importancia a lo visual que a la calidad o el precio; parece que los invitados a cenar no levantaban los platos para ver si eran todos de la misma marca. De todas formas, más adelante veremos que la relación entre vajilla importada y vajilla local/regional resulta en índices muy suges-

La porcelana como prestigio social: Manuelita Rosas pintada por
Prilidiano Pueyrredón (cortesía del Museo Nacional de Bellas Artes).

Plato del juego de mesa del general Julio A. Roca
encargado en París a la fábrica Pillivuyt
(fotografía de P. Cáceres, Museo Casa de Gobierno).

El truco, de Juan Caamaña, óleo de 1852. Las formas del beber colonial continuadas en el siglo XIX: la botella de ginebra y el vaso único compartido por todos (Museo Histórico Nacional).

El beber semiurbano: nótese en la mesa y en el mostrador el tamaño de los vasos de vidrio, casi igual a las botellas, herencia de la tradición colonial de su uso comunitario (fotografía de H. G. Olds, 1899).

Dos lecheros de Buenos Aires en 1819, según Emeric Vidal. Llevan en sus alforjas antiguas "botijas" sevillanas para aceite, mostrando el reúso habitual de los recipientes de toda forma.

❦

Una "botija" sevillana con su forma ahusada habitual del siglo XVIII hallada en Balcarce 433 (archivo CAU).

❦

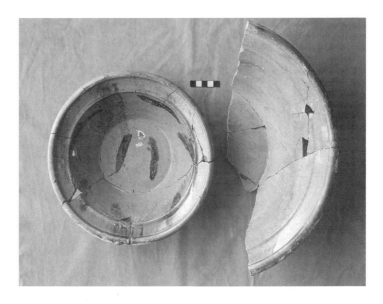

La vajilla del pobre en el siglo XVIII: lebrillos para comer y servir del tipo *Verde sobre Amarillo de Pasta Roja*, de probable origen inglés, hallados en Balcarce 433 (archivo CAU).

La vajilla del pobre en el siglo XIX: olla de cerámica de tipo *Utilitario*, con un modesto vidriado verde, de producción regional, hallada en Bolívar 238 (archivo CAU).

La rara aparición en Buenos Aires de un ceramista con vasijas y ollas que se fabricaban a finales del siglo XIX e inicios del XX, posando en 1910 frente al Teatro Colón (fotografía de H. G. Olds).

El beber de las clases medias: la soda en un nuevo envase globular en una publicidad que intenta mostrar calidad a la vez que el derroche producido por el gas carbónico al ser sacudido (*Caras y Caretas*, 1911).

tivos: valga como ejemplo que un contexto de una familia muy rica, hacia mitad del siglo XIX, mostró que el 99,50 por ciento era importado; por otra parte, el material del convento de Santo Domingo hacia 1800 indicó que el 92,14 por ciento era de origen europeo y eso que se excavó un pozo de basura fechado para 1780-1820, y la basura de la comida de los obreros que construyeron los almacenes de la familia Huergo entre 1848 y 1850, actual Michelángelo, dio una cifra aun más alta: el 97,35 por ciento.[181] Era el mundo de lo importado, el del impacto de la Revolución Industrial. Y así lo siguió siendo hasta la sustitución de las importaciones con la Primera Guerra Mundial, que obligó a la industria nacional a producir lo que ya era imposible comprar afuera.

Allá sí, acá no: el gres de cervezas y ginebras

En Europa central y del norte, desde el medioevo un producto cerámico se hizo habitual en la mesa: el gres. Esta fina cerámica de cocción de alta temperatura se impuso también en la vajilla de los Estados Unidos incluso hasta hoy; si bien era muy pesada, no se rompía y conservaba la temperatura largo tiempo, ideal para la cerveza fría o las bebidas calientes en regiones donde nieva. Aquí, en todo el país, hemos hallado media docena de fragmentos para los siglos XVI al XIX temprano, momento en que irrumpen bruscamente en forma de botellas de ginebra –los célebres porrones– de color gris o marrón claro, boca chica y cuerpo cilíndrico, y para botellas de cerveza de color gris claro. Rápidamente ganaron el mercado y llegaron desde Europa millones de envases que los fabricantes locales comenzaron a rellenar desde 1860. Desaparecieron bruscamente en 1916, cuando la Primera Guerra Mundial suspendió la importación; y hasta 1900 ni siquiera el vidrio competía con los recipientes de gres. ¿Por qué no se impusieron antes y se fabricaron aquí, como ocurrió en los Estados Unidos? Es una de las tantas preguntas difíciles de contestar de la historia de los utensilios del comer y del beber. Y lo más interesante es que los recipientes de gres, que fracasaron en nuestro medio, eran los más plurifuncionales de todos los objetos de la vajilla: en páginas anteriores hemos citado que el ejército usó los porrones como cantimploras, el comandante Prado los usaba para plancharse la ropa; los gauchos, como salero de mesa y hay un párrafo tardío de Roberto J. Payró, de 1908 –poco antes de que el gres desapareciera de la vida cotidiana–, donde se lo ve cumpliendo una función ornamental: "Una chinita desharrapada ceba y acarrea el mate amargo, y en la mesa del comedor, como adorno característico, se alza un porrón de ginebra rodeado de copas".

Valgan algunas notas sobre las botellas de gres para cerveza, que han sido tan comunes: las más antiguas son pequeñas, de forma sinusoidal, de color gris, con una marca de fábrica cerca de la base; comenzaron a llegar desde 1820; pero en grandes cantidades, desde 1850. Para esos años, o quizá diez años más tarde para ser exactos, comenzaron a traerse al país otras botellas, cuyo cuerpo cilíndrico facilitaba el embalaje y la colocación de la etiqueta de papel, y algunas traían un escudo también de cerámica con la marca. Esos escudos se ha-

cían en la fábrica a pedido, en base a catálogos que llegaban desde Inglaterra, el envasador o fabricante local
elegía el modelo y la inscripción. Los hubo celestes,
blancos y más tarde simplemente se imprimía en negro
la etiqueta sobre la cerámica bajo el vidriado, desde
1880. Esas botellas eran de tan buena calidad que no había forma normal de romperlas, y hoy son muchos los
coleccionistas que las atesoran, ya que se las encuentra
comúnmente en los sótanos de las casas de campo desde
que fueron reemplazadas por la botella de vidrio.

PORCELANA Y PRESTIGIO EN LA MESA

El asunto de la apariencia no fue tema simple entre
las clases altas de nuestro medio, sobre todo cuando lo
vemos desde la perspectiva del cambio histórico: en el
siglo XVI, para aparentar había que colgar telas de las
paredes, como hizo Pedro de Mendoza, pero sólo cien
años más tarde hubiera sido inaceptable. El cambio en
ese aspecto fue un tema grato a Juan Bautista Alberdi,
quien le dedicó varias páginas entre 1837 y 1838:

> *Importa pues, saber cuáles son las señas de un hombre fi-*
> *no: que en cuanto a la sustancia de la finura eso no es tan*
> *del caso; el caso es parecer y no ser. Al hombre le está dado*
> *el parecer todo y no ser nada y lo mismo respecto a las co-*
> *sas [...]; no indaguemos pues lo que es un hombre fino,*
> *sino por qué señales consigue parecerlo.*[182]

En este sentido, el producto que era signo de prestigio fue desde el siglo XVI la porcelana oriental. Lle-

gada a América en mínimas cantidades desde el momento mismo de la Conquista, fue hasta el siglo XVIII exclusivamente un producto del Lejano Oriente –y era realmente *lejano*–, con su característico tinte azulado, y que desde ese último siglo comenzó a ser producido en toda Europa, abaratando costos y masificando la producción. Pero hasta cerca de 1880, su frecuencia en las excavaciones es baja y en los sitios estudiados comienza a crecer en porcentaje desde 1850 en adelante; pensemos que a lo largo de ese siglo pasó de integrar menos del 3 por ciento de los fragmentos hallados en los pozos de basura doméstica, a cerca del 60 o 70 por ciento en las casas importantes. En el pozo de basura de una casa de la calle Bolívar 338, el cien por ciento de los platos de mesa eran de porcelana; eso era lujo.

Para entender bien su significación en el complejo ritual doméstico y en el imaginario colectivo, vale observar el retrato de Manuelita Rosas, que hizo que Prilidiano Pueyrredón la retratara frente a una enorme chimenea inglesa, vestida con telas importadas y con un florero francés a un lado (recordemos que su padre estaba en esa época prohibiendo las importaciones). Samuel Haigh escribió con respecto a una casa de 1817: "el servicio del almuerzo era de fina porcelana francesa de última moda y el refrigerio se componía de café, té y chocolate".[183] El valor de la porcelana aparece en una carta del virrey Liniers:

Remito a usted igualmente una petaquita que contiene una pava de plata, unos jarros y unas figuritas de China, que mi señora doña Ana O'Gorman había dejado a mi custodia y que ahora me reclama.[184]

También Mariquita Sánchez de Thompson en sus cartas privadas hizo referencias a la importancia que le daba a sus jarrones y tazas:

Te encargo de ver el juego de café, que no me den gato por liebre. Te suplico de tomar los floreros [con la imagen] *del rey y dárselos a Don Manuel* [...] *¡esos floreros que te he pedido tanto no dejarlos! Puede ser que queden los pedazos y lo sentiré no sólo porque son cosas de valor sino porque son un obsequio que hace honor conservar.*[185]

Más adelante volvió a insistir: "cuando mandes otras hilachas mándame un florero color paja que había entero, y aún el otro. Yo tenía pedazos de él en mi mesita de costura".[186] Y un par de años más tarde, en un largo viaje durante su exilio, escribió: "A bordo del paquete [barco] se servían con cosas muy decentes, todo con porcelana".[187] Y el pobre y cautivo francés Monsieur Guinnard soñaba en algún momento entre 1856 y 1859 lo siguiente:

Con mi ración de carne en la mano y reducido a disputar cada bocado de este asqueroso manjar a los perros hambrientos que me rodeaban, se me ocurrió hacer mentalmente una comparación entre esta innoble comida y la mesa elegantemente adornada, cubierta de blancos manteles, ricas porcelanas y brillantes cristales.[188]

Muchos otros autores ensalzaron las porcelanas y las lozas finas; en una cita muy similar a la de Mariquita y sus jarrones *del rey*, un sirviente explica, en un relato de Fray Mocho: "[el patrón] me echó sin pagarme ni fósforos, a propósito de que quebré un plato de loza que dijo era recuerdo de Garibaldi".[189]

Esto nos indica que en los parámetros de la aristocracia local la porcelana era indudablemente el material más valioso; pero no por ello la loza fina, generalmente la policromada con imágenes de personalidades, dejaba de ser importante, ubicada al parecer en un segundo pero no menos digno lugar. Al respecto, llama la atención que al recorrer los museos históricos de Buenos Aires o de cualquier otra ciudad de la región, lo que se ha conservado es en su mayoría porcelana o lozas de mucha decoración; los platos habituales, incluso finos, casi no existen en las colecciones. Sobre esto, otra persona del mismo nivel social de Mariquita, don Lucio V. Mansilla, escribió en sus recuerdos de la niñez –hacia 1840– que en su casa "la loza era fina, los cristales ingleses sólidos, los cubiertos de excelente calidad, brillantes siempre, y no faltaban las fuentes de plata para cuando repicaban fuerte".[190] La misma Mariquita necesitó reemplazar esos lujos por cosas más modestas, quizá con dolor de su alma: "Dime si aún tengo alguna loza blanca, porque la que me mandaste me ha economizado mucho y me sirve y aquí está cara. Dime cómo está la docena de platos".[191]

La porcelana estaba asociada a dos ceremoniales nuevos de los que hemos hablado: el del té y el del café, y uno viejo: el del chocolate. La entrada de los dos primeros era incluso reciente en los albores del siglo XIX; es más, hubo largas polémicas para aceptarlos. El café había llegado a Europa en forma paulatina desde el siglo XVI tardío, pero entre 1620 y 1650 se difundió notablemente; el té llegó por primera vez en un cargamento a Amsterdam en 1610, en Francia apareció en 1636 y en Inglaterra, recién en 1675; la tetera –tan típicamente inglesa para nosotros– es un artefacto en realidad chino que llegó a Europa en ese siglo. El té, que en sus orígenes tuvo fama de medicamento, llegó a transformarse en una costumbre y apareció en América en el siglo XVIII temprano. Obviamente, requería utensilios específicos, cuya falta fue cubierta primero por pequeñas tazas japonesas de té –de porcelana– y por la loza europea de los pocillos más tarde. Con el chocolate ocurrió algo similar, aunque su difusión es un poco anterior. Lo que sí es necesario destacar es la enorme diferencia entre el ceremonial del servicio que implicaba el té y el del mate: el té era formal, de horario estricto, vajilla unívoca y compleja; en cambio, el mate se servía a toda hora, cebado por una esclava que acompañaba a la señora de la casa aunque ésta anduviera de aquí para allá por las distintas habitaciones.

Lo que nadie imaginaba entonces es que el objeto más preciado del mundo, la fastuosa e inimitable porcelana oriental, el producto más caro para vajilla de mesa, sería primero abaratado con la producción europea desde mediados del siglo XVIII, e iría a terminar como el producto cerámico más barato a fines del siglo XX, desplazando del mercado incluso a la loza y hasta compitiendo, como lo hace hoy en día, con el descastado plástico. Y lo más triste para este material de noble prosapia es que la mayor cantidad de porcelana que se fabrica en el mundo se usa para algo tan poco suntuoso como son los artefactos de baño.

Los que no nacieron nobles

Hasta aquí parecería que ha habido materiales para vajilla de cocina y mesa que nacieron para triunfar y otros que no. No me refiero al oro o la plata, sino a materiales más pedestres: la porcelana siempre fue fina, china primero y europea después; las mayólicas eran caras unas y modestas otras pero siempre tuvieron un alto valor simbólico en el mercado local; incluso las rústicas cerámicas rojas españolas podían ser bien o mal vistas según el tipo, decoración y forma, no sólo por el precio. Las botijas eran siempre despreciadas como un objeto utilitario y los cronistas de inicios del siglo XIX las consideraban sucias y antihigiénicas, mientras que otros objetos fabricados con la misma pasta y vidriado eran utilizados para la comida y servidos en la mesa sin problemas, como los lebrillos. No siempre se trataba de un problema de costo o de imagen, o de asociarse a la cultura blanca; había mucho más. Valga como ejemplo lo que ocurrió en el siglo XX con el plástico, material innoble como no ha habido otro: nació de la industria y no de la artesanía, fue primero de color negro −recordemos la baquelita de los viejos teléfonos−, y hasta hace muy poco tiempo se consideraba ramplón tener objetos de plástico como decoración o usar vajillas de ese maravilloso invento. Sin embargo, las boquillas de pipa de ese material eran consideradas muy finas, e incluso siguen siendo negras aunque ese tipo de plástico ya no existe. La fórmica y los plásticos eran pobres por antonomasia, por designio

168

social; los metales no podían usarse para la vajilla de la mesa burguesa, salvo el peltre en los siglos XVI y XVII, luego desaparecido; eran demasiado modernos para ese papel destinado a los viejos materiales cerámicos. Las ollas, en cambio, son todas de aluminio, hojalata o simplemente hierro de fundición, y en el siglo XIX se puso de moda el hierro esmaltado de blanco o vistosos colores, pero eso era para la cocina o para los niveles más pobres de la población. También era innoble. Un juego interesante en la historia de la cocina y la mesa.

PERO LA HISTORIA ES MÁS COMPLEJA

Por debajo de la escala social que podía darse el lujo de elegir estaba toda la vajilla del pueblo, de los que no tenían acceso a ese mundo de brillo y oropel y se conformaban con lo que había disponible, que seguían usando el mismo plato hasta que se rompía totalmente, estuviera o no a la moda. Aún no sabemos qué porcentaje de la población era ése, ni hay datos cuantitativos sobre compra y venta de productos de esas características, pero ya es posible observar ciertas actitudes. La vajilla de cerámica simple que seguía la vieja tradición indígena continuó en uso, como vimos, hasta fines del siglo XVIII; un buen dato es que hay platos hechos en el tipo que la arqueología denomina *Monocromo Rojo*, típicamente guaraníticos e incluso pintados de rojo, que copian exactamente la forma de los platos de loza ingleses *Creamware*. ¿Podemos imaginar un indígena guaraní en su modesta choza tratando de imitar un plato inglés de alta tecnología industrial, por más que el amo se

169

lo exigiera? La reproducción indígena de los platos del tipo *Columbia Liso* que se hacía en principio en Cayastá a fines del siglo XVI se continuó haciendo doscientos años más tarde, aunque reproduciendo otras formas y decoraciones, y aunque no sabemos con exactitud quiénes usaban esas ollas, vasijas y platos, es fácil imaginarlo; seguramente no lo usaba el conquistador en su mesa. Pero los más carenciados usaban un poco de todo: desde platos finos cachados o ligeramente rotos (por ende, descartados de la mesa de los patrones), hasta vasijas de tradición indígena o criolla para cocinar en las casas de los ricos. Más aún en los ranchos, donde antiguos viajeros como Samuel Haigh vieron que "sus útiles de cocina son generalmente de barro cocido y sus platos de madera".[192] Una excelente ilustración de la vajilla del siglo XVIII nos la da el inventario de las posesiones de los jesuitas expulsos en Mendoza, donde su poder económico era gigantesco: en un aparador figuran tres fuentes de "loza de Talavera", cuatro fuentes de "loza de Talavera de Sevilla", cinco platos de lo mismo y una bacía –plato usado para afeitarse–; mientras en el comedor había dos "fuentes de loza de la tierra", dieciocho platos del mismo material, cuatro "jarritos de loza de la tierra" y siete platillos de peltre viejos. Para comer, los padres mendocinos usaban la cerámica local, ¡pero en el aparador exhibían lo importado![193] En última instancia, se comportaban igual que cualquier familia de la época.

Además de las cerámicas bastas usadas por los sectores populares, en especial las que definimos bajo el nombre de *cerámica criolla*, existían otros tipos de vajilla: de madera, de asta y de calabaza. Los platos de madera siempre fueron muy adecuados para cortar carne y todavía no han sido desterrados de los sitios donde se sirven parrilladas con "tablitas", precisamente porque la madera evita que la carne y el cuchillo se resbalen. En Europa, las tablitas de madera serían impensables, ya que por cuestiones de higiene se las ha dejado de lado desde hace cuatro siglos. Pero la madera no siempre fue sinónimo de pobreza: el filósofo Juan Baltazar Maciel tenía "para servicio de su persona y decoro de su rango social, dos mates de plata, uno de ellos de fragante palosanto".[194] De asta, como dijimos, se han producido tazas, chifles, vasos, y hasta el día de hoy, mates. La calabaza también fue plurifuncional: el *té de los jesuitas* –el mate– se sirvió en calabazas hasta que un siglo más tarde aparecieron la bombilla y el mate cerrado hecho de calabazas chicas; asimismo, de calabaza se han hecho los cuencos para platos, como en los contextos rurales, donde todavía se usa para la sal y el ají.

La propiedad de objetos finos estaba íntimamente conectada con el efecto causado al mostrarlos: ya dijimos que el aparador de estantes abiertos es un mueble que comenzó a ser usado en América recién en el siglo XVIII, no casualmente, con el gran cambio en la forma de recibir invitados. Porque una cosa era tener y otra *reconocer* que el otro tenía esos oscuros objetos del deseo; Samuel Haigh lo dijo con toda claridad en 1817: "He visto en uno de esos ranchos una fuente de plata, pero tan negra por la suciedad que fue necesario rasparla con el cuchillo para cerciorarse de su calidad".[195]

Para "pertenecer" hay que poder identificar los objetos y no sólo poseerlos: era más alto el nivel de quien reconocía la fuente de plata que el de quien la tenía y no la destacaba como supuestamente correspondía hacerlo: buen ejemplo del juego social en todo su esplendor.

El cuadro titulado *Boudoir federal*, pintado por Nicolás Descalzi en 1845, es la síntesis de muchos de estos aspectos, que hacen a las contradicciones en que se movía la sociedad de la época. En el gran óleo se observa una joven que se arregla frente a un espejo colocado sobre una chimenea –ambos eran objetos de lujo, importados–; tiene a un lado el retrato de Juan Manuel de Rosas y al otro, una guitarra –símbolos de lo local y lo nacional–, pero a su vez en la repisa de la chimenea hay dos floreros de porcelana europea y dos tazas con sus platos del mismo material, mientras que en un pequeño estante se ve un delicado florero semejante a los anteriores. Ya vimos a la misma Manuelita Rosas, retratada por Prilidiano Pueyrredón en 1851, frente a un exuberante jarrón-florero de porcelana sobrepintada. Cientos de imágenes de Rosas y de Urquiza fueron pintadas en el país sobre lozas importadas. Más tarde, hacia 1870, comenzaron a llegar masivamente las lozas que ya traían motivos impresos por transferencia en las fábricas inglesas: Plaza de Mayo, las estaciones del ferrocarril, la imagen de Mitre y muchos otros ejemplos que son comunes de ver en las casas de antigüedades y en colecciones privadas.

DE LA LOZA AL PLÁSTICO

A partir del inicio de la Primera Guerra Mundial todo el universo cerámico comenzó a cambiar o a desaparecer ante el impacto del vidrio barato primero, la

172

porcelana de bajo costo de producción nacional después, y finalmente por la irrupción de los plásticos, que aparecieron a mediados del siglo XX. Al parecer, los únicos productos cerámicos que entraron firmes al siglo XXI son algunas modestas macetas –un producto del siglo XIX–, y la antiquísima porcelana, ahora transformada en un artículo de consumo barato y masivo tanto para vajilla como para inodoros y artefactos de baño. Quizás un triste final para lo que fuera por veinte siglos el producto más preciado para toda la civilización occidental.

Si la porcelana barata fue lo primero que reemplazó a la loza, para la década de 1920 haría irrupción el vidrio estampado, el que, si bien existía desde hacía al menos un siglo, no sería del agrado de los porteños hasta que la moda del *Art Déco* francés los volviera a poner en circulación. El vidrio llegaría a fin del siglo XX como vidrio templado liso, con marcas como Dúrax y Pírex. En el ínterin apareció el plástico, precedido por la baquelita negra o de tonos grises u oscuros, y seguida por la melamina, que, para la década de 1960, permitía decorar con colores fuertes: amarillos, verdes, celestes.

Un material para vajilla de cocina que duró también casi un siglo es el hierro esmaltado. Sin duda fue, después de la loza, el producto industrial que mayor difusión y aceptación tuvo en Occidente. Primero blanco, luego azul o verde y más tarde manchado tipo piel de tigre en todos los colores, en contextos rurales o pobres aún sigue siendo de enorme utilidad por su bajo precio, durabilidad y buena conservación del calor.

¿Qué nos depara el futuro? Podemos prever muchos cambios en el diseño y la decoración, con modas cambiantes y consumo masivo compulsivo. Seguramente, como siempre ha ocurrido, algunos pocos seguirán a la moda y otros muchos continuarán comprando lo más barato y útil que ofrezca el mercado del consumo; y otros seguramenrte no comprarán nada porque no pueden hacerlo. Pero es poco probable que cambien mucho la vajilla de cocina y de mesa establecida en el siglo XVII y difundidos hacia aquí en el siglo XVIII. Los cubiertos y modales de mesa que nos llegaron masivamente en el siglo XIX tampoco van a quedar rápidamente fuera de uso, al menos por ahora. Si bien todo cambia, a veces ni es todo, ni realmente cambia.

CONCLUSIONES
(¡Buen provecho!)

Si de algo se trata este libro, es del cambio cultural. Por eso decimos que si pudiéramos invitar a cenar a Manuel Belgrano, a Mariano Moreno o a Juan Manuel de Rosas, seguramente se sentirían muy mal en nuestras mesas. No hablemos de Juan de Garay, está demasiado lejos; él ni siquiera entendería esos extraños adminículos que son los cubiertos, para qué diablos queremos platos de fondo plano de los que todo se chorrea, por qué el azúcar es blanca, o cómo hacemos para que la sal salga por esos pequeños agujeritos que tiene la tapa del salero.

Los cambios culturales son a veces difíciles de percibir, y hasta de imaginar, si no se tiene una mirada atenta apoyada en la investigación y el estudio. Tendemos a dar por supuesto que nuestros antepasados hacían las cosas de manera similar a como las hacemos nosotros, nos cuesta imaginar la realidad cotidiana del pasado, y tendemos a naturalizar nuestras costumbres y hábitos, es decir, considerar que las cosas son así desde y para siempre, por alguna especie de ley natural. Y nada más lejano a lo natural que la cultura, en este caso, específicamente, la cultura material. Muchas veces es, simplemente, por falta de datos basados en la investigación. ¡Hasta Leonardo Da Vinci ha pecado de ese tipo de ignorancia! Su monumental cuadro *La última cena*, pintado en Milán en 1483, muestra un error histórico: allí presenta a los comensales rodeando una mesa con bancos. Pero los romanos no comían sentados, sino recostados en *triclinium*.

Cada cultura explica el mundo y la realidad circundante desde ella misma, desde adentro, y nosotros también hacemos lo mismo, por ejemplo cuando pensamos que la cocina de los criollos, de los inmigrantes o de los indígenas eran compartimentos estancos. Eso es un mito. En Buenos Aires se comía según la época, la clase social y la capacidad económica real de cada quien, en una compleja red de relaciones sociales, accesibilidad a productos, imagen de prestigio y consumo por modas. La cocina "de inmigrantes" de 1830 fue considerada "criolla" por quienes llegaron en 1890, y hoy nos resulta tradicional justamente lo que trajeron nuestros abuelos, quienes fueron tan criticados por las oligarquías locales. Un español que llegaba a la ciudad en el siglo XVII traía desde España costumbres gastronómicas diferentes de las de otro español llegado un siglo más tarde.

Hoy nadie consideraría los fideos como un plato de la cocina regional pampeana y, sin embargo, a fines de la Colonia se los despachaba en todas las pulperías de la ciudad,[196] y así ocurrió durante un siglo, hasta que los italianos los asumieron como propios, aunque su origen haya sido China; hemos visto al gaucho preocupado por condimentar con canela y con vinagre, lo que haría que algunos folcloristas se agarraran la cabeza. Y la tradicional polenta italiana, que es maíz molido seco, es en realidad una tradicion indígena americana llevada a Italia en el siglo XVI, que volvió para aquí en el siglo XIX tardío con la inmigración.

¿Cuál fue el cambio más importante y significativo? Sin duda, el proceso de *privatización del espacio doméstico*, y por ende la forma de cocinar y servir, y de comer en la mesa: platos, cubiertos, servilletas, sillas individuales y vasos; el café, el restaurante y los lugares públicos pero a su vez con privacidad, con el menú del cual cada uno selecciona a su propio gusto. Por otra parte, el surgimiento de la alta cocina, del *arte culinario*: lo que importa entra también por los ojos; a fin de cuentas, los postres y las tortas son inventos del siglo XVII –cuando se difundió masivamente el azúcar americano en el mundo– y nacieron como platos de comida; debió transcurrir todo un siglo hasta que pasaron al final del servicio, como cierre de la ceremonia.

Otros cambios fueron el logro del punto exacto de cocción, la calidad del ganado vacuno, el sabor fijo de cada alimento; la importancia del sabor, que desplazó a la del olor (se abandonaron las especias del siglo XVI). Las vajillas fueron cambiando y especializándose para los nuevos gustos burgueses: los platos playos, para ser usados con cubiertos, las copas de pie a partir del siglo XVIII, el abandono de las rústicas cerámicas y los platos de madera para usar la nueva loza, barata e higiénica. El final de la transmisión oral de los misterios arcanos de la cocina para entrar en el mundo de las recetas en libros impresos. La cocina pasó del simple y modesto fogón en el piso a los microondas, la olla de cerámica vitrificada pasó a ser de cobre, de hierro esmaltado en el siglo XIX, y de aluminio, hojalata, hierro, vidrio pírex... y no falta mucho para el plástico.

...Hemos logrado la hamburguesa

Si lo pensamos bien, la historia humana ha sido la búsqueda incesante y anhelante de la hamburguesa. No es un chiste: imaginemos que podemos regresar a los tiempos de Pedro de Mendoza y sus mil hombres muertos de hambre, que para comer debían –si decidían no robarles a los indios– sembrar sus alimentos, luego cosecharlos, protegerlos de plagas, prepararlos en molinos, cocinar todos los días sin poder guardar casi nada; contando sólo con los productos de cada estación y en unas condiciones en que cualquier cambio en el clima destruía cosechas enteras. Imaginemos que les comunicamos que se inventó algo que no requiere nada de eso. Que gracias a Mefistófeles, o a quien sea, hay un producto que alimenta y que se puede conseguir en todas las estaciones no importando climas ni crisis, que se puede congelar y guardar años, que es igual en sabor, calidad y dimensiones en todo el mundo, que es nutritivo, rico en grasas y proteínas, de sabor estandarizado y –para esa época– exquisito; que sólo cuesta unos centavos, se lo compra en cualquier sitio del planeta, que se hace de carne vacuna, que es fácil de transportar... Era el sueño de la raza humana. ¿Cuántas personas murieron de hambre en las sequías de la Edad Media? ¿Podemos suponer que al menos la mitad de la totalidad de esa población europea murió de hambre?, y ¿qué sucede aún en la India, en África, en tantos sitios de América? La esperanza de la humanidad estuvo durante siglos y siglos cifrada en la comida, en la posibilidad de un alimento barato, nutritivo y abundante.

Quizá la cajita de la hamburguesa y la lata de gaseosa sean el ideal que la humanidad buscó durante miles de años; el problema es que ahora que lo logramos, ahora que tenemos garantizada la conservación por congelamiento, el cocinar sin fuego, la posibilidad de conseguir de todo y durante todo el año, la posibilidad de consumir sin cubiertos, la de adquirir todo junto en el mismo sitio incluso de noche y en fin de semana; ahora que logramos el acceso a productos del mundo entero a precios bajos, tampoco estamos satisfechos. Es más, a muchos ni siquiera nos resulta agradable porque todo ello sigue encerrando tremendas injusticias, como las ha implicado la alimentación en todos los tiempos; ya dijimos, parafraseando a Revel, que no hay gastronomía inocente.

Y si bien el refrán dice que antes (¿cuándo fue *antes*?) se comía mejor que ahora, no por eso todo tiempo pasado fue mejor; salvo porque en el futuro, si seguimos con la hamburguesa, ya no se necesitará vajilla y por lo tanto la historia que narra este libro se habrá acabado. Y como dijo aquel gaucho de la novela *Don Segundo Sombra* de Ricardo Güiraldes: "¡Lástima no tener dos panzas!", lo cual es siempre mejor que el tradicional "El día que llueva sopa seguro que voy a tener un tenedor en la mano".

Notas

1   Palma, Amelia, *El hogar modelo. Curso completo de economía doméstica. (Responde a los programas de las escuelas de primera y segunda enseñanza de la República.)*, Peuser, Buenos Aires, 1902, pág. 62.

2   Roth, Rodris, *The Drinking in the XVIIIth Century America: its Etiquette and Equipage*, Smithsoninan Institution, Washington, 1961; Shadel, Dane S., "Documentary Use of Cup Plates in the XIXth Century", *Journal of Glass Studies* Nº 13, págs. 128-133, Corning, 1971.

3   Wilde, José Antonio, *Buenos Aires desde setenta años atrás (1810-1880)*, Eudeba, Buenos Aires, 1966, pág. 146.

4   *Ibídem*, pág. 239.

5   Mansilla, Lucio V., *Entre-nos, causeries del jueves*, Hachette, Buenos Aires, 1963, pág. 242.

6   Torre Revello, José, "El café en el Buenos Aires antiguo", *Logos* Nº 4, págs. 225-234, Buenos Aires, 1943.

7   Alonso, Ernesto, "Chamicó", *Vidas que hacen historia*, Ediciones Culturales, Mendoza, 1994, pág. 18.

8   Furlong, Guillermo, *Francisco Miranda y su sinopsis, 1772*, Theoría, Buenos Aires, 1963, pág. 22.

9   Fray Mocho, *Viaje al país de los matreros*, Difusión, Buenos Aires, 1977, pág. 22.

10 Alpersohn, Marcos (1891), *Colonia Mauricio*, Comisión Centenario de la Colonización Judía en Colonia Mauricio, Carlos Casares, 1991, pág. 51.

11 Molinari, Ricardo Luis, *Biografía de la pampa: cuatro siglos de historia del campo argentino*, Ediciones de Arte Gaglianone, Buenos Aires, 1987, pág. 205.

12 Schávelzon, Daniel y Silveira, Mario, *Arqueología histórica de Buenos Aires: excavaciones en Michelángelo*, vol. IV, Corregidor, Buenos Aires, 1996.

13 Oberti, Federico, "Teteras, pavas y calderas", *La Prensa*, Buenos Aires, 2/3/1975; Villanueva, Amaro, "De la iconografía de la pava", *La Nación*, Buenos Aires, 1/3/1942, y *El mate, arte de cebar y su lenguaje*, Nuevo Siglo, Buenos Aires, 1995.

14 Sánchez de Thompson, Mariquita, carta del 6/12/1854, en *Cartas de Mariquita Sánchez de Thompson*, Peuser, Buenos Aires, 1952.

15 Hall, Basil, *Con el general San Martín en el Perú*, Yapeyú, Buenos Aires, 1949, pág. 21.

16 Furlong, Guillermo, *Florián Paucke y sus cartas al visitador Contucci (1762-1764)*, Casa Pardo, Buenos Aires, 1972.

17 Zeballos, Estanislao, *Viaje al país de los araucanos*, La Cultura Popular, Buenos Aires, 1939, pág. 280.

18 Archivo General de la Nación, *Fondo documental: bandos de los virreyes y gobierno del Río de la Plata (1741-1809), catálogo cronológico y por temas*, Buenos Aires, 1997.

19 Parish, Woodbine (1844), *Buenos Aires y las provincias del Río de la Plata desde su descubrimiento y conquista por los españoles*, Hachette, Buenos Aires, 1958, pág. 502.

20 Muhn, Juan, *La Argentina vista por viajeros del siglo XVIII*, Huarpes, Buenos Aires, 1946, págs. 21-22.

21 Page, Carlos, *La estancia jesuítica de San Ignacio de los Ejercicios*, Junta Provincial de Estudios Históricos, Córdoba, 1998.

22 *Ibídem*, pág. 107.

23 Archivo General de la Nación, ob. cit.

24 Azara, Félix de, *Memorias sobre el estado rural del Río de la Plata y otros informes*, Babel, Buenos Aires, 1943, pág. 199.

25 Robertson, Juan y Guillermo P., *Cartas de Sudamérica, andanzas por el litoral argentino (1815-1816)*, Emecé, Buenos Aires, 1950, pág. 243.

26 Cunningham Graham, Roberto, *El Río de la Plata*, Hispania, Buenos Aires, 1914, pág. 6.

27 *Ibídem*, pág. 7.

28 Porro Girardi, Nelly; Juana Astiz y María Róspide, *Aspectos de la vida cotidiana en el Buenos Aires virreinal*, Universidad de Buenos Aires, Buenos Aires, 1982.

29 Torre Revello, José, *La CasaCabildo de la ciudad de Buenos Aires*, Instituto de Investigaciones Históricas, Publ. Nº XCVII, Buenos Aires, 1951, págs. IV y XIII.

30 Flandrin, Jean-Louis, "La distinción a través del gusto", en *Historia de la vida privada,*Taurus, Madrid, 1989, vol. 2, págs. 267-309.

31 D'Orbigny, Alcides, *Viaje a la América meridional*, Futuro, Buenos Aires, 1998, vol. I, pág. 85.

32 *Ibídem*, pág. 187.

33 Guinnard, A. M., *Tres años de cautividad entre los Patagones (1856-1859)*, Eudeba, Buenos Aires, 1961, pág. 43.

34 De Ángelis, Pedro, *Colección de obras y documentos relativos a la historia antigua y moderna de las provincias del Río de la Plata*, vol. IV, Imprenta del Estado, Buenos Aires, 1836, pág. 510.

35 D'Orbigny, Alcides, *Viaje...*, ob. cit., vol. I, pág. 93.

36 Prado, Manuel, *La guerra al malón*, Kapelusz, Buenos Aires, 1982, pág. 136.

37 Gutiérrez, Leandro, "Condiciones de la vida material de los sectores populares en Buenos Aires: 1880-1914", *Revista de Indias*, vol. XLI, Nº 163/4, págs. 167-202, Madrid, 1981.

38 Sambrook, Pamela y Brears, Peter, *The Country House Kitchen 1650-1900*, Alan Suton Publ. Limited, Londres, 1996.

39 Quesada, Vicente G., *Memorias de un viejo*, Ciudad Argentina, Buenos Aires, 1998, pág. 366.

40 Gillespie, Alexander, *Buenos Aires y el interior: observaciones reunidas tras una larga residencia...*, La Cultura Argentina, Buenos Aires, 1921, pág. 22.

41 Miers, John, *Viaje al Plata 1819-1824*, Solar-Hachette, Buenos Aires, 1968, pág. 40

42 Ravignani, Emilio, *Documentos para la historia argentina*, vol. II, Facultad de Filosofía y Letras, Buenos Aires, 1913;

Ensink, Oscar Luis, *Propios y arbitrios del Cabildo de Buenos Aires 1580-1821*, Monografías Economía Quinto Centenario, Madrid, 1990, pág. 165.

43 Ensink *Propios y arbitrios...*, ob. cit., pág. 415.

44 Vidal, Emeric E. (1820), *Ilustraciones pintorescas de Buenos Aires y Montevideo*, Viau, Buenos Aires, 1943, pág. 17.

45 Mansilla, Lucio V. (1889), *Los siete platos de arroz con leche*, Abril, Buenos Aires, 1983, pág. 66.

46 Sánchez de Thompson, Mariquita, carta del 8/8/1844, en *ob. cit.*, pág. 107.

47 D'Orbigny, Alcides, *Viaje...*, ob. cit., vol. I., pág. 168.

48 Prado, Manuel, *La guerra al malón*, ob. cit., pág. 139.

49 *Ibídem*, pág. 117.

50 Fray Mocho, *Cuentos*, Diario Popular, Buenos Aires, 1995, pág. 27.

51 *Ibídem*, pág. 54.

52 Prado, Manuel, *La guerra al malón*, ob. cit., pág. 75

53 Ebelot, Alfredo, *La Pampa*, Eudeba, Buenos Aires, 1961, pág. 12.

54 López, Lucio Vicente, *La gran aldea*, Fabril, Buenos Aires, 1984, vol. II, pág. 123.

55 Gorriti, Juana Manuela, *Cocina ecléctica*, Aguilar, Buenos Aires, 1999, págs. 30-31.

56 Quesada, Vicente G., *Memorias de un viejo*, ob. cit., pág. 28.

57 Batolla, Octavio, *La sociedad de antaño*, Moloney y De Martino, Buenos Aires, 1908, pág. 87.

58 Bilbao, Manuel, *Tradiciones y recuerdos de Buenos Aires*, Talleres Gráficos Ferrari, Buenos Aires, 1934.

59 Wilde, José Antonio, *Buenos Aires...*, ob. cit., pág. 167.

60 Cunningham Graham, Roberto, *El Río de la Plata...*, ob. cit., pág. 169.

61 Vidal, Emeric E., *Ilustraciones pintorescas...*, ob. cit., pág. 69.

62 Estrada, Santiago, *El hogar en la Pampa*, Instituto de Literatura Argentina, Sección de Documentos, Serie 4, tomo II, N° 1, Universidad de Buenos Aires, 1931, pág. 10.

63 D'Orbigny, Alcides, *Viaje...*, ob. cit., vol. I., pág. 163.

64 *Ibídem*, pág. 175.

65 *Ibídem*, vol. II, pág. 86.

66 Isabelle, Arsène, *Viaje a Argentina, Uruguay y Brasil en 1830*, Americana, Buenos Aires, 1943.

67 Ebelot, Alfredo, *La Pampa*, ob. cit., pág. 12.

68 Ferguson, Leland, *Uncommon Ground, Archaeology and Early African America, 1650-1800*, Smithsonian Institution, Washington, 1992; Villafuerte, Carlos, *Sabor y paisaje de mi provincia*, Vertical XX Editora, Buenos Aires, 1965.

69   Porro Girardi, Nelly, "Arqueología e historia", *Páginas sobre hispanoamérica colonial: sociedad y cultura* N° 2, PRHISCO-CONICET, Buenos Aires, 1995, pág. 63.

70   Zapata Gollán, Agustín, "La pobreza en Santa Fe la Vieja", *Historia*, N° 48, Buenos Aires, 1967, pág. 105.

71   Porro Girardi, Nelly, "Arqueología e historia", *Páginas sobre hispanoamérica colonial: sociedad y cultura*, N° 2, PRHISCO-CONICET, Buenos Aires, 1995.

72   Mayo, Carlos; J. Miranda y L. Cabrejas, "Anatomía de una pulpería porteña", *Pulperos y pulperías de Buenos Aires: 1740-1830*, págs. 43-75, Facultad de Humanidades, Mar del Plata, 1996.

73   Revel, Jean-François, *Un festín en palabras: historia literaria de la sensibilidad gastronómica desde la antigüedad a nuestros días*, Tusquets, Barcelona, 1996, pág. 141.

74   Micale, Adriana, "Patrimonio económico de la Compañía de Jesús en Mendoza 1608-1767", *Las ruinas de San Francisco*, vol. I, Municipalidad de Mendoza, 1998, págs. 103-247.

75   Güiraldes, Ricardo, *Don Segundo Sombra*, Quimantú, Santiago de Chile, 1972, pág. 28.

76   *Ibídem*, pág. 112.

77   D'Orbigny, Alcides, *Viaje...*, ob. cit., vol I., pág. 163.

78   *Ibídem*, vol. II, pág. 240.

79   Porro Girardi, Nelly; Juana Astiz y María Róspide, *Aspectos de la vida cotidiana en el Buenos Aires virreinal*, ob. cit.

80   Mac Cann, William, *Viaje a caballo por las provincias argentinas*, Solar, Buenos Aires, 1969.

81   Mellet, Julien, *Viajes por el interior de América meridional*, Hyspamérica, Buenos Aires, 1988, pág. 37.

82   Mansilla, Lucio V., *Mis memorias*, Eudeba, Buenos Aires, 1966, pág. 208.

83   Bilbao, Manuel, *Tradiciones y recuerdos...*, ob. cit., pág. 124.

84   Walsh, María Elena, "El pastel de pajaritos", en *Tutú Marambá*, Luis Fariña, Buenos Aires, 1969, pág. 61.

85   Gorriti, Juana Manuela, *Cocina ecléctica*, ob. cit.

86   Concolorcorvo (1773), *El lazarillo de ciegos caminantes desde Buenos Aires hasta Lima*, Solar, Buenos Aires, 1942, pág. 9.

87   Osculati, Gaetano, "Buenos Aires, San Luis y Mendoza visto por el viajero italiano en 1834", *Revista de Junta de Estudios Históricos*, vol. XI, N° 1, Mendoza, 1987, pág. 387.

88   *Ibídem*, pág. 152.

89   Flandrin, Jean-Louis, "La distinción a través del gusto", ob. cit.

90   Azara, Félix de, *Viajes por la América meridional*, Espasa-Calpe, Madrid, 1949, pág. 191.

91   D'Orbigny, Alcides, *Viajes...*, ob. cit., vol. II, pág. 69.

92   Hudson, Guillermo Enrique (1918), *Allá lejos y hace tiempo*, Kapelusz, Buenos Aires, 1979, pág. 195.

93 Concolorcorvo, *El lazarillo de ciegos caminantes...*, ob. cit., pág. 9.

94 Bilbao, Manuel, *Tradiciones y recuerdos...*, ob. cit., pág. 125.

95 Hudson, Guillermo Enrique, *Allá lejos y hace tiempo...*, ob. cit., pág. 147.

96 Gorriti, Juana Manuela, *Cocina ecléctica*, ob. cit., pág. 296.

97 Mac Cann, William, *Viaje a caballo por las provincias argentinas*, ob cit., pág. 128.

98 Fray Mocho, *Cuentos*, ob. cit., pág. 54.

99 Vidal, Emeric E., *Ilustraciones pintorescas...*, ob. cit., pág. 16.

100 Mansilla, Lucio V., *Entre-nos, causeries del jueves*, ob. cit., pág. 62.

101 Onfray, Michel, *El vientre de los filósofos. Crítica de la razón dietética*, Perfil, Buenos Aires, 1999.

102 Hudson, Guillermo Enrique, *Tierra purpúrea*, Editorial Guillermo Kraft, Buenos Aires, 1956, pág. 159.

103 Palma, Amelia, *El hogar modelo...*, ob. cit., pág. 39.

104 Braudel, Fernand, *Civilización material, economía y capitalismo, siglos XV-XVIII*, 3 vols., Alianza, Madrid, vol. I., pág. 169.

105 Quesada, Vicente G., *Memorias de un viejo*, ob. cit., pág. 380.

106 Marmier, Xavier, *Buenos Aires y Montevideo en 1850*, El Ateneo, Buenos Aires, 1948, pág. 39; Pérez Rosales, Vi-

cente, *Recuerdos del pasado*, Eudeba, Buenos Aires, 1964, pág. 16.

107 Azara, Félix de, *Memorias sobre el estado rural del Río de la Plata y otros informes*, ob. cit., pág. 199.

108 *Catón cristiano y catecismo de la doctrina cristiana*, Imprenta de Niños Expósitos, Buenos Aires, 1812, págs. 75-76.

109 *Ibídem*, págs. 57-58.

110 Larrañaga, Dámaso, *Extracto del diario de viaje de Montevideo a Paysandú*, Contribución Documental para la Historia del Río de la Plata, Buenos Aires, 1913, pág. 32.

111 Worthington, William G. D., *Diplomatic Correspondence of The United States: Interamerican Affairs, 1831-1860*, Carnegie Endowment for International Peace, Washington, 1932, pág. 104.

112 Robertson, Juan y Guillermo P., *Cartas de Sudamérica, andanzas por el litoral argentino (1815-1816)*, ob. cit.

113 Lecuona, Diego, *La vivienda de criollos y extranjeros en el siglo XIX*, Instituto Argentino de Investigaciones en Historia de la Arquitectura y el Urbanismo, Buenos Aires, 1984.

114 Calvo, Luis María, "Testamento de Feliciano Rodríguez", *América*, N° 2, Santa Fe, 1983, págs. 43-57.

115 Schávelzon, Daniel, *Arqueología e historia de la Imprenta Coni*, South Carolina Institute of Archaeology and Anthropology, Columbia, 1994.

116 Palma, Amelia, *El hogar modelo...*, ob. cit., pág. 159.

117 Ebelot, Alfredo, *La Pampa*, ob. cit., pág. 88.

118 Aguirre, Patricia, "Patrón alimentario, estrategias de consumo e identidad en la Argentina: 1995", *Procesos socioculturales y alimentación*, págs. 161-187, Ediciones del Sol, Buenos Aires, 1997.

119 Osculati, Gaetano, "Buenos Aires, San Luis y Mendoza visto por el viajero italiano en 1834", ob. cit., pág. 387.

120 Ortega, Exequiel César, *Santiago de Liniers, un hombre del antiguo régimen*, Universidad Nacional de La Plata, La Plata, pág. 353.

121 Fray Mocho, *Memorias de un vigilante*, Hyspamérica, Buenos Aires, 1985, pág. 19.

122 Saint-Hilaire, Auguste, *Voyage a Rio Grande do Sul*, Edición del autor, Orleans, 1887, pág. 148.

123 Lecuona, Diego, *La vivienda de criollos y extranjeros en el siglo XIX*, ob. cit., pág. 77.

124 Pérez Rosales, Vicente, *Recuerdos del pasado*, ob. cit., pág. 96.

125 Busaniche, José Luis, *Estampas del pasado*, 2 vols., Hyspamérica, Buenos Aires, 1986, vol. I, pág. 196.

126 Ocantos, Carlos María, *Quilito*, Hyspamérica, Buenos Aires, 1985, pág. 27.

127 Quesada, Vicente G., *Memorias de un viejo*, ob. cit., pág. 384.

128 López, Lucio Vicente, *La gran aldea*, ob. cit., pag. 183.

129 Comisión Oficial del Cuarto Centenario, *Documentos históricos y geográficos relativos a la conquista y colonización rioplatense*, 5 vols., edición oficial, Buenos Aires, 1941, vol. II, pág. 238.

130 Moreno, Paula, *Botellas cuadradas de ginebra: estudio de las formas y procesos de fabricación desde mediados del siglo XVIII hasta princpios del siglo XX*, edición de la autora, Buenos Aires, 1997; Schávelzon, Daniel, *Arqueología histórica de Buenos Aires. I. La cultura material porteña de los siglos XVII y XIX*, Corregidor, Buenos Aires, 1991.

131 *Ídem*; Schávelzon, Daniel, *Arqueología de Buenos Aires*, Emecé, Buenos Aires, 1999.

132 D'Orbigny, Alcides, *Viaje...*, ob. cit., vol. I, pág. 133.

133 *Ibídem*, pág. 61.

134 Un Inglés, *Cinco años en Buenos Aires (1820-1825)*, Solar, Buenos Aires, 1962, pág. 96.

135 Roxlo, Conrado Nalé, *Mi pueblo*, Kapelusz, Buenos Aires, 1971, pág. 60.

136 Concolorcorvo (1773), *El lazarillo de ciegos caminantes desde Buenos Aires hasta Lima*, ob. cit., pág. 50.

137 Goggin, John M., *The Spanish Oliva Jar, an Introductory Analysis*, Yale University Publications in Anthropology, Nº 62, New Haven, 1960; *Spanish Maiolica of the New World, Typs from XVI to XVIIIth Century*, Yale University, New Haven, 1968.

138 Schávelzon, Daniel, *Arqueología histórica de Buenos Aires. I. La cultura material porteña de los siglos XVII y XIX*, ob. cit.

139 Sánchez de Thompson, Mariquita, *Cartas de Mariquita Sánchez de Thompson*, Peuser, Buenos Aires, 1952.

140 Wilde, José Antonio, *Buenos Aires desde setenta años atrás (1810-1880)*, ob. cit., pág. 96.

141 Torre Revello, José, *La sociedad colonial*, Pannedille, Buenos Aires, 1970, pág. 181.

142 *El lazarillo de ciegos caminantes desde Buenos Aires hasta Lima, 1773*, ob. cit., pág. 13.

143 Parish, Woodbine, *Buenos Aires y las provincias del Río de la Plata desde su descubrimiento y conquista por los españoles*, ob. cit., pág. 167.

144 Haigh, Samuel, *Bosquejos de Buenos Aires, Chile y Perú*, La Cultura Argentina, Buenos Aires, 1920, pág. 58.

145 Schávelzon, Daniel, *Arqueología de Buenos Aires*, Emecé, Buenos Aires, 1999.

146 Prado, Manuel, *La guerra al malón*, ob. cit., pág. 81.

147 Fray Mocho, *Cuentos*, ob. cit., pág. 88.

148 Cocks, Anna S., "The Non-Functional Use of Ceramics in English Country Houses During the XVIIIth Century", *Studies in the History of Art*, vol. 25, Washington, 1989, págs. 191-215.

149 Impay, Oliver, *Chinoiserie: the Impact of Oriental Styles on Western Art and Decoration*, Oxford University Press, Londres, 1977; "Eastern Trade and the Furnishing of the British Country House", *The Fashion and Functioning of the*

British Country House, National Gallery of Art, Washington, 1989, págs. 177-192.

150 Seseña, Natacha, "Los barros y lozas que pintó Velázquez", *Archivo Español de Arte*, N° 253, Madrid, 1991, págs. 171-179.

151 Clara Abal, comunicación personal, 1999.

152 Page, Carlos, *La estancia jesuitica de Alta Gracia*, Universidad Nacional de Córdoba, Córdoba, 2000.

153 Huret, Jules, *De Buenos Aires al Gran Chaco*, 2 vols., Hyspamérica, Buenos Aires, 1988, vol. I, pág. 37.

154 Mansilla, Lucio V., *Memorias*, Hachette, Buenos Aires, 1955.

155 Ensink, Oscar Luis, *Propios y arbitrios del Cabildo de Buenos Aires 1580-1821*, Monografías Economía Quinto Centenario, Madrid, 1991.

156 Taullard, R., *Nuestro antiguo Buenos Aires, cómo era y cómo es desde la época colonial hasta la actualidad, su asombroso progreso edilicio, trajes, costumbres, etc.*, Peuser, Buenos Aires, 1927, pág. 254.

157 Sánchez de Thompson, Mariquita, *Cartas de Mariquita Sánchez de Thompson*, ob. cit., pág. 114.

158 Lister, Florence y Robert, "The Recycled Pot and Potsherds of Spain", *Historical Archaeology* vol. 15, N° 1, 1981, págs. 66-78, y *Andalusian Ceramics in Spain and New Spain*, University of Arizona Press, Tucson, 1987.

159 Palma, Amelia, *El hogar modelo...*, ob. cit., pág. 35.

160 Pérez Rosales, Vicente, *Recuerdos del pasado*, Eudeba, Buenos Aires, 1964, pág. 258.

161 Morales, Santiago H., "Volver a empezar", *Vidas que hacen historia*, Ediciones Culturales, Mendoza, 1994, pág. 31.

162 Deagan, Katheen, *Artefacts of the spanish colonies from the Florida and the Caribbean*, vol. 1, Smithsonian Institution, Washington, 1987; Lister, Florence y Robert, "The Recycled Pot and Potsherds of Spain", ob. cit.

163 Schávelzon, Daniel, *Arqueología de Buenos Aires*, Emecé, Buenos Aires, 1999.

164 Schávelzon, Daniel, *Arqueología histórica de Buenos Aires. I. La cultura material porteña de los siglos XVII y XIX*. Corregidor, Buenos Aires, 1991; *Catálogo de cerámicas históricas del Río de la Plata (siglos XVI-XX)*, apéndice gráfico, Centro de Arqueología Urbana, Buenos Aires, 1996.

165 Ceruti, Carlos y Nora Nastasi, "Evidencias del contacto hispano-indígena en la cerámica de Santa Fe la Vieja (Cayastá)", *Presencia hispánica en la arqueología Argentina*, Universidad Nacional del Nordeste, Resistencia, 1983, págs. 487-519.

166 Goggin, John M., *The Spanish Oliva Jar, an Introductory Analysis*, ob. cit.

167 Schávelzon, Daniel, *Arqueología histórica de Buenos Aires. I. La cultura material porteña de los siglos XVII y XIX*, ob. cit.

168 Schávelzon, Daniel, *Arqueología de Buenos Aires*, ob. cit.

169 Du Biscay, Acarette, "Relación de los viajes de Monsiuer... al Río de la Plata y desde aquí por tierra hasta el Perú con observaciones sobre esos países", *Revista de Buenos Aire*s vol. XIII, N° 49, Buenos Aires, 1867, pág. 18.

170 Gallardo, Guillermo, *J. R. Poinsett, agente norteamericano, 1810-1814*, Emecé, Buenos Aires, 1983, pág. 135.

171 Robertson, Juan y Guillermo P., *Cartas de Sudamérica, andanzas por el litoral argentino (1815-1816)*, ob. cit.

172 Mac Cann, William, *Viaje a caballo por las provincias argentinas*, ob. cit., págs. 84-85.

173 Alberdi, Juan Bautista, *Escritos satíricos y de crítica literaria*, Estrada, Buenos Aires. 1945, pág. 53.

174 Martin, Ann Smart, "Fashionable Sugar Dishes, Latest Fashionware: the Creamware Revolution in the XVIIIth Century Chesapeake", *Historical Archaeology on Chesapeake*, Smithsonian Institution, Washington, 1994, págs. 169-187.

175 Shakel, Paul A., "Interdisciplinary Approaches to the Meanings and Uses of Material Goods in Lower Town Harpers Ferry", *Historical Archaeology*, vo. 28, N° 4, pág. 93.

176 Wilde, Eduardo, *Tiempo perdido*, Buenos Aires, 1874, pág. 73.

177 Ocantos, Carlos María, *Quilito*, ob. cit., pág. 27.

178 Haigh, Samuel, *Bosquejos de Buenos Aires, Chile y Perú*, ob. cit., pág. 83.

179 Quesada, Vicente G., *Memorias de un viejo*, ob. cit., pág. 370.

180 López, Lucio Vicente, *La gran aldea*, ob. cit., vol. 2, pág. 160.

181 Schávelzon, Daniel y Silveira, Mario, *Arqueología histórica de Buenos Aires: excavaciones en Michelángelo*, ob. cit.

182 Alberdi, Juan Bautista, *Escritos satíricos y de crítica literaria*, ob. cit., pág. 52.

183 Haigh, Samuel, *Bosquejos de Buenos Aires, Chile y Perú*, ob. cit. pág. 94.

184 Grenon, Pedro, *Archivo de Gobierno: documentos históricos*, vol. 14, Alta Gracia, Publicación Oficial, Córdoba, 1929, pág. 129.

185 Sánchez de Thompson, Mariquita, carta del 11/8/1842, en *Cartas de Mariquita Sánchez de Thompson*, ob. cit., pág. 67.

186 Ídem, carta del 16/8/1842, *Ibídem*, pág. 69.

187 Ídem, carta del 18/7/1844, *Ibídem*, pág. 103.

188 Guinnard, A. M., *Tres años de cautividad entre los Patagones*, ob. cit., pág. 30.

189 Fray Mocho, *Cuentos*, ob. cit., pág. 90.

190 Mansilla, Lucio V., *Memorias*, ob. cit., pág. 119.

191 Sánchez de Thompson, Mariquita, carta del 16/4/1847, en *Cartas de Mariquita Sánchez de Thompson*, ob. cit.

192 Haigh, Samuel, *Bosquejos de Buenos Aires, Chile y Perú*, ob. cit., pág. 39.

193 Micale, Adriana, "Patrimonio económico de la Compañía de Jesús en Mendoza. 1608-1767", ob. cit.

194 Gutiérrez, Juan María, *Origen y desarrollo de la enseñanza pública superior*, La Cultura Argentina, Buenos Aires, 1915, pág. 485.

195 Haigh, Samuel, *Bosquejos de Buenos Aires, Chile y Perú*, ob. cit., pág. 39.

196 Mayo, Carlos; J. Miranda y L. Cabrejas, "Anatomía de una pulpería porteña", ob. cit.

Agradezco a todos los que me acompañaron a lo largo
de muchos años en esta aventura del conocimiento,
en las excavaciones, en el laboratorio, en la búsqueda
documental y en todos y cada uno de los pasos
para que este libro se hiciera realidad.
Sin ellos, este libro no existiría.

BIBLIOGRAFÍA

Alberdi, Juan Bautista, *Escritos satíricos y de crítica literaria*, Estrada, Buenos Aires, 1945.

Aguirre, Patricia, "Patrón alimentario, estrategias de consumo e identidad en la Argentina: 1995", *Procesos socioculturales y alimentación*, Buenos Aires, Ediciones del Sol, 1997.

Alonso, Ernesto, "Chamicó", *Vidas que hacen historia*, Ediciones Culturales, Mendoza, 1994.

Alpersohn, Marcos, *Colonia Mauricio (1891)*, Comisión Centenario de la Colonización Judía en Colonia Mauricio, Carlos casares, 1991.

Andrews, Joseph, *Viaje de Buenos Aires a Potosí y Arica en los años 1825 y 1826*, La Cultura Argentina, Buenos Aires, 1920.

Appadurai, Arjun (editor), *La vida social de las cosas*, Grijalbo, Madrid, 1991.

Ariès, Phillipe y Georges Duby, *Historia de la vida privada*, 5 vols., Taurus, Madrid, 1989.

Armaignac, H., *Viaje por las pampas argentinas 1869-1874*, Eudeba, Buenos Aires, 1974.

Arnold, Samuel G., *Viaje por América del Sur*, Emecé, Buenos Aires, 1951.

Aron, Jean Pierre, *Le mangeur du XIXe. siècle*, Denoel-Gouthier, París, 1976.

Assunçao, Fernando O., *Pilchas criollas: usos y costumbres del gaucho*, Emecé, Buenos Aires, 1992.

Auza, Néstor T., *Periodismo y feminismo en la Argentina (1830-1930)*, Emecé, Buenos Aires, 1988.

Azara, Félix de, *Viajes por la América meridional*, Espasa-Calpe, Madrid, 1941.

— *Memorias sobre el estado rural del Río de la Plata y otros informes*, Babel, Buenos Aires, 1943.

Barber, Edwin A., *Ceramic Collectors' Glossary*, Da Capo Press, Nueva York, 1901.

Batolla, Octavio, *La sociedad de antaño*, Moloney y De Martino, Buenos Aires, 1908.

Baudrillard, Jean, *El sistema de los objetos*, Siglo XXI, México, 1969.

Beaudry, M. C.; J. Long, H. Miller, F. Newman y G. W. Stone, "Un documento inédito para la iconografía del traje popular en la Argentina", *Cuadernos del Instituto Nacional de Antropología* N° 8, Buenos Aires, 1979.

Bilbao, Manuel, *Tradiciones y recuerdos de Buenos Aires*, Talleres Gráficos Ferrari, Buenos Aires, 1934.

Braudel, Fernand, *Civilización material, economía y capitalismo, siglos XV-XVIII*, 3 vols., Alianza, Madrid, 1987.

Busaniche, José Luis, *Estampas del pasado*, 2 vols., Hyspamérica, Buenos Aires, 1986.

Caldleugh, Alexander, *Viajes por América del Sur, Río de la Plata, 1821*, Solar, Buenos Aires, 1943.

Calvo, Luis María, "Testamento de Feliciano Rodríguez", *América* N° 2, Santa Fe, 1983.

Cantilo, José María (Bruno), "La Semana", *Correo del Domingo*, Buenos Aires, 1864/8.

Cardozo, Aníbal, "Los atributos del gaucho colonial", *Boletín de la Junta de Historia y Numismática*, vol. 5, Buenos Aires, 1928.

Catálogo, 2 vols., Museo Histórico Nacional, Buenos Aires, 1951.

Catón Cristiano, *Catón cristiano y catecismo de la doctrina cristiana*, Imprenta de Niños Expósitos, Buenos Aires, 1812.

Ceruti, Carlos y Nora Nastasi, "Evidencias del contacto hispano-indígena en la cerámica de Santa Fe la Vieja (Cayastá)", *Presencia hispánica en la arqueología Argentina*, vol. 2, Universidad Nacional del Nordeste, Resistencia, 1983.

Chesterfield, Lord, *Cartas completas de Lord Chesterfild a su hijo Felipe Stanhope (1748)*, 2 vols., Albatros, Buenos Aires, 1944.

Cicerchia, Ricardo, *Historia de la vida privada en Argentina*, Editorial Troquel, Buenos Aires, 1998.

Cirulli de César, Estela, *Un álbum para el recuerdo*, Asociación de Hoteles, Restaurants, Confiterías y Cafés, Buenos Aires, 1995.

Cocks, Anna S, "The Non-Functional Use of Ceramics in English Country Houses During the XVIIIth Century", *Studies in the History of Art*, vol. 25, Washington, 1989.

Comisión Oficial del Cuarto Centenario, *Documentos históricos y geográficos relativos a la conquista y colonización rioplatense*, 5 vols., edición oficial, Buenos Aires.

Concolorcorvo, *Lazarillo de los ciegos caminantes*, Biblioteca de la Junta de Historia y Numismática, Buenos Aires, 1908.

— *El lazarillo de ciegos caminantes desde Buenos Aires hasta Lima, 1773*, Solar, Buenos Aires, 1942.

Coni, Emilio A., "Contribución a la historia del gaucho (I)", *Boletín del Instituto de Historia Argentina*, vols. 62-63, Buenos Aires, 1908.

Cunningham Graham, Roberto, *El Río de la Plata*, Hispania, Buenos Aires, 1914.

Deagan, Katheen, *Artefacts of the spanish colonies from the Florida and the Caribbean*, vol. 1, Smithsonian Institution, Washington, 1987.

de Angelis, Pedro, *Archivo americano y espíritu de la prensa en el mundo*, 2 vols., Americana, Buenos Aires, 1843/51.

— *Colección de obras y documentos relativos a la historia antigua y moderna de las provincias del Río de la Plata*, Imprenta del Estado, Buenos Aires, 1836.

de Castro, Josué, *El hambre, problema universal*, La Pléyade, Buenos Aires, 1971.

de Gandía, Enrique, "Las primeras mercaderías llegadas a Buenos Aires", *Revista de la Biblioteca Nacional* Nº 1, Buenos Aires, 1937.

de Lastra, Fernando, *Platería colonial*, Dirección de Extensión Cultural del Ministerio de Educación, Santiago de Chile, 1985.

de María, Isidoro, *Montevideo antiguo: una selección*, Eudeba, Buenos Aires, 1865.

de Urgell, Guiomar; H. Botama, C. Caamaño y M. Sánchez, *El mate de plata*, Museo Isaac Fernández Blanco, Buenos Aires, 1988.

del Carril, Bonifacio, *El gaucho a través de la iconografía*, Emecé, Buenos Aires, 1978.

D'Orbigny, Alcides, *Viaje a la América meridional*, Futuro, Buenos Aires, 1945.

Draghi Lucero, Juan, "La bodega mendocino-sanjuanina durante la primera época colonial", *Revista de la Sociedad de Historia y Geografía de Cuyo*, tomo II, Mendoza, 1945.

— *Cartas y documentos coloniales de Mendoza*, Ediciones Culturales de Mendoza, Mendoza, 1993.

Domingo, Xavier, *La mesa del Buscón: en homenaje a don Francisco de Quevedo y Villegas en ocasión de su centenario*, Tusquets, Barcelona, 1981.

Du Biscay, Acarette, "Relación de los viajes de Monsiuer... al Río de la Plata y desde aquí por tierra hasta el Perú con observaciones sobre esos países", *Revista de Buenos Aires*, vol. XIII, N° 49 y 50, Buenos Aires, 1867.

Ebelot, Alfredo, *La Pampa*, Eudeba, Buenos Aires, 1961.

Edwards, Diana, *Neale Pottery: its Predecessors and Successors, 1763-1820*, Barrie & Jenkins, Londres, 1987.

Ensink, Oscar Luis, *Propios y arbitrios del Cabildo de Buenos Aires 1580-1821*, Monografías Economía Quinto Centenario, Madrid, 1991.

Estrada, Santiago, *El hogar en la Pampa*, Instituto de Literatura Argentina, Sección de Documentos, Serie 4, tomo II, N° 1, Universidad de Buenos Aires, 1931.

Ferguson, Leland, *Historical Archaeology and the Importance of Material Things*, Society for Historical Archaeology, 1977.

— *Uncommon Ground, Archaeology and Early African America, 1650-1800*, Smithsonian Institution, Washington, 1992.

Fondo documental: bandos de los virreyes y gobierno del Río de la Plata (1741-1809), catálogo cronológico y por te-

mas, Archivo General de la Nación, Buenos Aires, 1997.

Fontana, Bernard L., "The Cultural Dimensions of Pottery: Ceramics as Social Documents", *Ceramics in America*, University Press of Virginia, Charlottesville, 1973.

Fray Mocho, *Viaje al país de los matreros*, Difusión, Buenos Aires, 1977.

— *Memorias de un vigilante*, Hyspamérica, Buenos Aires, 1985.

— *Cuentos*, Diario Popular, Buenos Aires, 1995.

Furlong, Guillermo, *Artesanos argentinos durante la dominación hispánica*, Huarpes, Buenos Aires, 1946.

— *Francisco Miranda y su sinopsis, 1772*, Theoría, Buenos Aires, 1963.

— *Historia social y cultural del Río de la Plata, 1536-1810*, TEA, 2 vols., Buenos Aires, 1969.

— *Florián Paucke y sus cartas al visitador Contucci (1762-1764)*, Casa Pardo, Buenos Aires, 1972.

Galarce, Antonio, *Bosquejo de Buenos Aires*, 2 vols., Stiller & Hass, Buenos Aires, 1886.

Gallardo, Guillermo, *J. R. Poinsett, agente norteamericano, 1810-1814*, Emecé, Buenos Aires, 1983.

Gillespie, Alexander, *Buenos Aires y el interior: observaciones reunidas tras una larga residencia...*, La Cultura Argentina, Buenos Aires, 1921.

Goggin, John M., *The Spanish Oliva Jar, an Introductory Analysis*, Yale University Publications in Anthropology Nº 62, New Haven, 1960.

— *Spanish Maiolica of the New World, typs from XVI to XVIIIth century*, Yale University, New Haven, 1968.

Gorriti, Juana Manuela, *Cocina ecléctica*, Librería Sarmiento, Buenos Aires, 1977.

Grenon, Pedro, *Archivo de Gobierno: documentos históricos*, vol. 14, Publicación Oficial, Alta Gracia, Córdoba, 1929.

Guinnard, A. M., *Tres años de cautividad entre los Patagones (1856-1859)*, Eudeba, Buenos Aires, 1961.

Güiraldes, Ricardo, *Don Segundo Sombra*, Editorial Quimantú, Santiago de Chile, 1972.

Gutiérrez, Juan María, *Origen y desarrollo de la enseñanza pública superior*, La Cultura Argentina, Buenos Aires, 1915.

Gutiérrez, Leandro, "Condiciones de la vida material de los sectores populares en Buenos Aires: 1880- 1914", *Revista de Indias*, vol. XLI, N° 163/4, Madrid, 1981.

Gutiérrez, Ramón (coord.), *1890/1990: Centenario de la Cervecería Quilmes*, Instituto Argentino de Historia de la Arquitectura y del Urbanismo, Buenos Aires, 1991.

Haigh, Samuel, *Bosquejos de Buenos Aires, Chile y Perú*, La Cultura Argentina, Buenos Aires, 1920.

Hall, Basil, *Con el general San Martín en el Perú*, Yapeyú, Buenos Aires, 1949.

Hinchliff, Thomas Woodbine, *Viaje al Plata en 1861*, Hachette, Buenos Aires, 1955.

Hudson, Guillermo Enrique, *Tierra purpúrea*, Guillermo Karft, Buenos Aires, 1956.

— *Allá lejos y hace tiempo* (1918), Kapeluz, Buenos Aires, 1979.

Huret, Jules, *De Buenos Aires al Gran Chaco*, 2 vols., Hyspamérica, Buenos Aires, 1988.

Impay, Oliver, *Chinoiserie: the Impact of Oriental Styles on Western Art and Decoration*, Oxford University Press, Londres, 1977.

— "Eastern Trade and the Furnishing of the British Country House", *The Fashion and Functioning of the British Country House*, National Gallery of Art, Washington, 1989.

Isabelle, Arsène, *Viaje a Argentina, Uruguay y Brasil en 1830*, Americana, Buenos Aires, 1943.

Jarry, Madeleine, *Chinoiserie: Chinese Influence on European Decorative Art 17th and 18th Century*, The Vendome Press-Sotheby Publications, Nueva York, 1981.

Jordan, William B., *Spanish Still Life in the Golden Age (1600-1650)*, Kimbell Art Museum, Fort Worth, 1985.

Lagos, José, *Protocolos 1768-1793*, Instituto de Historia, Facultad de Filosofía y Letras, Mendoza, 1968.

Lafuente Machaín, Ricardo, *Buenos Aires en el siglo XVII*, Emecé, Buenos Aires, 1944.

— *Buenos Aires en el siglo XVIII*, Municipalidad de la Ciudad, Buenos Aires, 1946.

Larrañaga, Dámaso, *Extracto del diario de viaje de Montevideo a Paysandú*, Contribución Documental para la Historia del Río de la Plata, Buenos Aires, 1913.

Lecuona, Diego, "Hacia una teoría de la vivienda a través de los usos familiares", *Summa*, N° 8, Buenos Aires, 1977.

— *La vivienda de criollos y extranjeros en el siglo XIX*, Instituto Argentino de Investigaciones en Historia de la Arquitectura y el Urbanismo, Buenos Aires, 1984.

Levillier, Roberto, *Correspondencia de la ciudad de Buenos Aires con los Reyes de España, 1586-1615*, vol. I, Municipalidad de la Ciudad, Buenos Aires, 1915.

Lister, Florence y Robert, "Majolica, Ceramic Link Between Old World and New", *El Palacio*, vol. 76, Nº 2, 1969.

— "Maiolica in Colonial Spanish America", *Historical Archaeology*, Nº 3, 1974.

— "Nos Indian Ceramics from the Mexico City Subway", *El Palacio*, vol. 81, Nº 2, 1975.

— *A Descriptive Dictionary of 500 Years of Spanish-Tradition Ceramics*, The Society of Historical Archaeology, Columbia, 1976.

— "Distribution of Mexican Maiolica Along the Northern Borderlands", *Papers of the Archaeological Society of New Mexico*, vol. 3, 1976.

— "Italian Presence in Tin Glazed Ceramics in Spanish America", *Historical Archaeology*, vol. 10, 1976.

— "The First Mexican Maiolicas; Imported and Locally Produced", *Historical Archaeology*, vol. 12, 1978.

— "The Recycled Pot and Potsherds of Spain", *Historical Archaeology* vol. 15, Nº 1, 1981.

— "Sixteenth Century Maiolica Pottery in the Valley of Mexico", *Anthropological Papers of the University of Arizona*, Nº 39, Tucson, 1982.

— *Andalusian Ceramics in Spain and New Spain*, University of Arizona Press, Tucson, 1987.

Little, Barbara J., "People with History: an Update on Historical Archaeology in the U.S.", *Journal of Archaeological Method and Theory*, vol. I, Nº 1, 1994.

López, José A. y Ernesto Rodríguez, "Uso y función del candelero en la época colonial: un artefacto de uso común", *La validez teórica de Mesoamérica*, Sociedad Mexicana de Antropología, México, 1989.

López, Lucio Vicente, *La gran aldea*, 2 vols., Fabril, Buenos Aires, 1984.

Lubar, S. y D. Kingery, *History from Things, Essay on Material Culture*, Smithsonian Institution, Washington, 1993.

Luqe Colombres, Carlos, "La vida suntuaria en Córdoba (siglo XVII)", *Revista de la Junta Provincial de Historia*, vol. 11, Córdoba, 1986.

Lyon, Eugene, *Richer than we Thought: the Material Culture of XVIth Century St. Augustinne*, St. Augustinne Historical Society, St. Augustinne, 1992.

Mac Cann, William, *Viaje a caballo por las provincias argentinas*, Solar, Buenos Aires, 1969.

Maeder, Ernesto, *Historia económica de Corrientes en el período virreinal (1776-1810)*, Academia Nacional de la Historia, Buenos Aires, 1981.

Malosetti, Laura, "Iconografía de la pampa argentina", *Folios*, N° 1, Facultad de Arquitectura, Diseño y Urbanismo, Buenos Aires, 1992.

Mansilla, Lucio V., *Memorias*, Hachette, Buenos Aires, 1955.

— *Entre-nos, causeries del jueves*, Hachette, Buenos Aires, 1963.

— *Mis memorias*, Eudeba, Buenos Aires, 1966.

— *Los siete platos de arroz con leche*, Abril, Buenos Aires, 1983.

Mariluz Urquijo, José M., "Indumentaria y jerarquía social en el setecientos porteño", *La Nación*, Buenos Aires, 7/8/1988.

Marmier, Xavier, *Buenos Aires y Montevideo en 1850*, El Ateneo, Buenos Aires, 1948.

Martin, Ann Smart, "Fashionable Sugar Dishes, Latest Fashionware: the Creamware Revolution in the XVIIIth Century Chesapeake", *Historical Archaeology on Chesapeake*, Smithsonian Institution, Washington, 1994.

Mayo, Carlos; J. Miranda y L. Cabrejas, "Anatomía de una pulpería porteña", *Pulperos y pulperías de Buenos Aires: 1740-1830*, Facultad de Humanidades, Mar del Plata, 1996.

Mellet, Julien, *Viajes por el interior de América meridional*, Hyspamérica, Buenos Aires, 1988.

Micale, Adriana, "Patrimonio económico de la Compañía de Jesús en Mendoza 1608-1767", *Las ruinas de San Francisco*, vol. I, Municipalidad de Mendoza, 1998.

Miers, John, *Viaje al Plata 1819-1824*, Solar-Hachette, Buenos Aires, 1968.

Molina, Raúl, "Primeras crónicas de Buenos Aires: las dos memorias de los hermanos Massiac (1660-1662)", *Historia*, vol. 1, Buenos Aires, 1955.

Molinari, Ricardo Luis, *Biografía de la pampa: cuatro siglos de historia del campo argentino*, Gaglianone, Buenos Aires, 1987.

Montanari, Massimo, *El hambre y la abundancia: historia y cultura de la alimentación en Europa*, Crítica, Barcelona, 1993.

Montoya, Alfredo J., *Historia de los saladeros argentinos*, El Coloquio, Buenos Aires, 1970.

Moores, Guillermo, *Estampas y vistas de la ciudad de Buenos Aires, colección Guillermo Moores*, Municipalidad de la Ciudad y Peuser, Buenos Aires, 1965.

Morales, Santiago H., "Volver a empezar", *Vidas que hacen historia*, Ediciones Culturales, Mendoza, 1994.

Moreno, Carlos, *De las viejas tapias y ladrillos*, CPCPUR, Buenos Aires, 1995.

Moreno, Paula, *Botellas cuadradas de ginebra: estudio de las formas y procesos de fabricación desde mediados del siglo XVIII hasta princpios del siglo XX*, edición de la autora, Buenos Aires, 1997.

Muhn, Juan, *La Argentina vista por viajeros del siglo XVIII*, Huarpes, Buenos Aires, 1946.

Myers, Jorge, "Una revolución en las costumbres: las nuevas formas de sociabilidad de la élite porteña, 1800-1860", *Historia de la vida privada en la Argentina*, vol. I, Taurus, Buenos Aires, 1999.

Oberti, Federico, "Teteras, pavas y calderas", *La Prensa*, Buenos Aires, 2/3/1975.

Ocantos, Carlos María, *Quilito*, Hyspamérica, Buenos Aires, 1985.

Olivera, F. C., "Datos arqueológicos: proximidad de Buenos Aires", *Boletín del Instituto Geográfico Argentino*, vol. XVI, Buenos Aires, 1895.

Onfray, Michel, *El vientre de los filósofos, crítica de la razón dietética*, Perfil, Buenos Aires, 1999.

Orser, Charles E., Jr., *A Historical Archaeology of the Modern World*, Plenum Press, Nueva York, 1996.

Osculati, Gaetano, "Buenos Aires, San Luis y Mendoza visto por el viajero italiano en 1834", *Revista de la Junta de Estudios Históricos* vol. 11, Nº 1, Mendoza, 1987.

Ortega, Exequiel César, *Santiago de Liniers, un hombre del antiguo régimen*, Universidad Nacional de La Plata, La Plata, 1946.

Ottsen, Heinrich, *Un buque holandés en América del Sur*, Huarpes, Buenos Aires, 1945.

Page, Carlos, *La estancia jesuítica de San Ignacio de los Ejercicios, Calamuchita, Córdoba*, Junta Provincial de Estudios Históricos, Córdoba, 1998.

— *La estancia jesuitica de Alta Gracia*, Universidad Nacional de Córdoba, Córdoba, 2000.

Pallière, Leon, *Diario de viaje para la América del Sud*, Peuser, Buenos Aires, 1945.

Parish, Woodbine, *Buenos Aires y las provincias del Río de la Plata desde su descubrimiento y conquista por los españoles*, Hachette, Buenos Aires, 1958.

Payró, Roberto J., *Pago chico*, Abril, Buenos Aires, 1983.

Pérez Rosales, Vicente, *Recuerdos del pasado*, Eudeba, Buenos Aires, 1964.

Plaisirs et maniers de table aux XIVe et XVe siécles, Musée des Augustines, Toulouse, 1992.

Politis, Gustavo, "Paradigmas, modelos y métodos en la arqueología de la pampa bonaerense", *Arqueología contemporánea argentina: actualidad y perspectivas*, Búsqueda, Buenos Aires, 1988.

Porro Girardi, Nelly, "Arqueología e historia", *Páginas sobre hispanoamérica colonial: sociedad y cultura*, N° 2, PRHISCO-CONICET, Buenos Aires, 1995.

Porro Girardi, Nelly y Estela Barbero, *Lo suntuario en la vida cotidiana del Buenos Aires virreinal: de lo material a lo espiritual*, PRHISCO-CONICET, Buenos Aires, 1994.

Porro Girardi, Nelly; Juana Astiz y María Róspide, *Aspectos de la vida cotidiana en el Buenos Aires virreinal*, Universidad de Buenos Aires, Buenos Aires, 1982.

Pound, Norman J. G., *Hearth and Home: a History of Material Culture*, Indiana University Press, Bloomington, 1989.

Prado, Manuel, *La guerra al malón*, Kapeluz, Buenos Aires, 1982.

Praetzellis, M. y A; M. R. Brown, "What Happens to the Silent Majority? Research Strategies for Studying Dominant Group Material Culture in the Late XIXth Century California", *Documentary Archaeology in the New World*, Cambridge University Press, Cambridge, 1988.

"Progreso de la civilización", *Archivo Americano*, N° 15, Buenos Aires (edición facsimilar s/d), 1844.

Quesada, Vicente G., *Memorias de un viejo*, Ciudad Argentina, Buenos Aires, 1998.

Quimby, Ian M. G. (editor), *Ceramics in America*, University Press of Virginia, Charlottesville, 1973.

Quimby, George I., *Indian Culture and European Trade Goods*, The University of Wisconsin Press, Madison, 1966.

Ratto, Héctor R., *La expedición Malaspina en el virreinato del Río de la Plata: reedición de los documentos*, Biblioteca del Oficial de Marina, Buenos Aires, 1936.

Ravignani, Emilio, *Documentos para la historia argentina*, vol. II, Facultad de Filosofía y Letras, Buenos Aires, 1913.

Remedi, Fernando, "Las condiciones de vida material: un aporte a la historia del consumo y pautas alimentarias en Córdoba: 1900-1914", *Jornadas de Historia de Córdoba entre 1830 y 1950*, Junta Provincial de Historia, Córdoba, 1996.

Revel, Jean-François, *Un festín en palabras: historia literaria de la sensibilidad gastronómica desde la antigüedad a nuestros días*, Tusquets, Barcelona, 1996.

Robertson, Juan y Guillermo P., *Cartas de Sudamérica, andanzas por el litoral argentino (1815-1816)*, Emecé, Buenos Aires, 1950.

Rodríguez, Julio, *Sinopsis histórica de la provincia de Córdoba*, Imprenta A. Grau, Buenos Aires, 1907.

Rogers, Daniel y Samuel Wilson, *Ethnohistory and Archaeology: Approaches to Postcontact Change in the Americas*, Plenum Press, Nueva York, 1993.

Roth, Rodris, *Tea Drinking in the XVIIIth Century America: its Etiquette and Equipage*, Smithsonian Institution, Washington, 1961.

Roxlo, Conrado N., *Mi pueblo*, Kapeluz, Buenos Aires, 1971.

Sambrook, Pamela y Peter Brears, *The Country House Kitchen 1650-1900*, Alan Suton Publ. Limited, Londres, 1996.

Sánchez de Thompson, Mariquita, *Cartas de...*, Ediciones Peuser, Buenos Aires, 1952.

Saint George, Robert B., *Material Life in America: 1600-1860*, Northeastern University Press, Boston, 1988.

Saint-Hilaire, Auguste, *Voyage a Rio Grande do Sul*, edición del autor, Orleans, 1887.

Shakel, Paul A., "Interdisciplinary Approaches to the Meanings and Uses of Material Goods in Lower Town Harpers Ferry", *Historical Archaeology*, vol. 28, N° 4.

Schávelzon, Daniel, *Arqueología histórica de Buenos Aires. I. La cultura material porteña de los siglos XVII y XIX*. Corregidor, Buenos Aires, 1991.

— *Arqueología histórica de Buenos Aires. II. Túneles y construcciones subterráneas*, Corregidor, Buenos Aires, 1992.

— *La arqueología urbana en la Argentina*, Centro Editor de América Latina, Buenos Aires, 1992.

— *Arqueología e historia de la Imprenta Coni*, South Carolina Institute of Archaeology and Anthropology, Columbia, 1994.

— *Arqueología histórica de Buenos Aires. III. La Imprenta Coni*, Corregidor, Buenos Aires, 1995.

— *Arqueología e historia del Cabildo de Buenos Aires*, South Carolina Institute of Archaeology and Anthropology, Columbia, 1995.

— *Catálogo de cerámicas históricas del Río de la Plata (siglos XVI-XX)*, apéndice gráfico, Centro de Arqueología Urbana, Buenos Aires, 1996.

— *Estudio de los materiales arqueológicos de la Casa de la Independencia, Tucumán*, Centro de Arqueología Urbana, Buenos Aires, 1996.

— *Arqueología de Buenos Aires*, Emecé, Buenos Aires, 1999.

— *The Historical Archaeology of Buenos Aires*, Kluwer-Academic/Plenum Press, Nueva York, 2000.

Schávelzon, Daniel y Mario Silveira, *Arqueología histórica de Buenos Aires: excavaciones en Michelángelo*, vol. IV, Corregidor, Buenos Aires, 1997.

Schiffer, H.; P. Schiffer y H. Schiffer, *China for America: Export Porcelain of the 18th and 19th centuries*, Schiffer Publ., Exton, 1980.

Seijo, Carlos, *La iglesia colonial de San Carlos*, separata de la Revista de la Sociedad Amigos de la Arqueología, tomo XI, Montevideo, 1951.

Sepp, Antonio, *Continuación de las labores apostólicas (1691-1733)*, 3 vols., Eudeba, Buenos Aires, 1973.

Seseña, Natacha, *La cerámica popular de Castilla la Nueva*, Editora Nacional, Madrid, 1975.

— "Los barros y lozas que pintó Velázquez", *Archivo Español de Arte*, Nº 253, Madrid, 1991.

— "El búcaro de Las Meninas", *Velázquez y el arte de su tiempo*, Alpuerto, Madrid, 1991.

Shadel, Dane S., "Documentary Use of Cup Plates in the XIXth Century", *Journal of Glass Studies*, Nº 13, Corning, 1971.

Silva, Hernán, "El Cabildo, el abasto de carne y la ganadería. Buenos Aires en la primera mitad del siglo XVIII", *Comunicaciones y Ensayos*, Nº 3, Buenos Aires, 1967.

Skogman, C., *Viaje de la fragata sueca* Eugenia: *1851-1853*, Solar, Buenos Aires, 1942.

Smith, G. Hale, *The European and the Indian*, Florida Anthropological Society Publication, Nº 4, Gainsville, 1956.

— *El Morro*, Florida State University Notes in Anthropology, Nº 6, Gainsville, 1962.

Spencer-Wood, Suzanne M., *Consumer Choice in Historical Archaeology*, Plenum Press, Nueva York, 1987.

Sudbury, Byron, "Additional Notes on Alternative Uses of Clay Tobacco Pipes and Tobacco Pipe Fragments", *Historical Archaeology*, Nº 12, 1978.

Sussman, Lynne, "Changes in Pearlware Dinnerware 1780-1830", *Historical Archaeology*, vol. 11, 1977.

Taunahill, Robert, *Food in History*, Eyre Methuen Publ., Londres, 1973.

Taullard, R., *Nuestro antiguo Buenos Aires, cómo era y cómo es desde la época colonial hasta la actualidad, su asombroso progreso edilicio, trajes, costumbres, etc.*, Peuser, Buenos Aires, 1927.

Torre Revello, José, "El café en el Buenos Aires antiguo", *Logos*, Nº 4, Buenos Aires, 1943.

— *La CasaCabildo de la ciudad de Buenos Aires*, Instituto de Investigaciones Históricas, Publ. Nº XCVII, Buenos Aires, 1951.

— *La sociedad colonial*, Pannedille, Buenos Aires, 1970.

Toussaint-Samat, Maguelonne, *Historia natural y moral de los alimentos*, 10 vols., Alianza, Barcelona, 1992.

Un Inglés, *Cinco años en Buenos Aires (1820-1825)*, Solar, Buenos Aires, 1962.

Vidal, Emeric E., *Ilustraciones pintorescas de Buenos Aires y Montevideo*, Viau, Buenos Aires, 1943.

Vignati, Milcíades A., "Datos referentes a la arqueología de Punta Piedras, provincia de Buenos Aires", *Notas preliminares del Museo de La Plata*, vol. I, Buenos Aires, 1931.

Villafuerte, Carlos, *Sabor y paisaje de mi provincia*, Vertical XX, Buenos Aires, 1965.

Villanueva, Amaro, "De la iconografía de la pava", *La Nación*, Buenos Aires, 1/3/1942.

— *El mate, arte de cebar y su lenguaje*, Nuevo Siglo, Buenos Aires, 1995.

Vlach, John Michael, *The Afro-American Tradition in De-*

corative Arts, Brown Thrasher Book, The University of Georgia Press, Athens, 1990.

Wheaton, K. Barbara, *Lóffice et la bouche, histoire des moeurs de la table en France, 1300-1789*, Calmann-Lévy Editeurs, París, 1984.

Wilcoxen, Charlotte, *Dutch Trade and Ceramics in America in the XVIIth Century*, Albany Institute of History and Art, Albany, 1987.

Wilde, Eduardo, *Tiempo perdido*, 2 vols., Buenos Aires, 1874.

Wilde, José Antonio, *Buenos Aires desde setenta años atrás (1810-1880)*, Eudeba, Buenos Aires, 1966.

Wolf, Eric, *Europa y la gente sin historia*, Fondo de Cultura Económica, México, 1987.

Worthington, William G. D., *Diplomatic Correspondence of The United States: Interamerican Affairs, 1831-1860*, Carnegie Endowment for International Peace, Washington, 1932, pág. 104.

Yentsch, Anne E. y Mary Beaudry (editoras), *The Art and Mistery of Historical Archaeology: Essays in Honor of James Deetz*, CRC Press, Boca Raton, 1992.

Zapata Gollán, Agustín, "La pobreza en Santa Fe la Vieja", *Historia*, N° 48, Buenos Aires, 1967.

Zeballos, Estanislao, *Viaje al país de los araucanos*, La Cultura Popular, Buenos Aires, 1939.

Este libro se terminó de imprimir
en el mes de ocubre de 2000 en
Color Efe, Paso 192, (1870) Avellaneda,
República Argentina.